SERVANE HEUDIARD

W0264748

exie - Bigorexie - Bigorexie - Bigore

Le sport, ma prison sans barreaux

TÉMOIGNAGE
D'UNE SPORT-ADDICT

bōld

bōld
label audacieux
par
AMPHORA

Suivi éditorial et relecture :
Delphine Dubois et Servane Heudiard
Couverture : Lionel Rousseau - Amphora
Mise en page : Jeff Renoux - Artemishqc.com
Crédit Photos couverture :
AdobeStock – Gudellaphoto / PheelingsMedia

Imprimé en Europe par Sagrafic - Pasaje Carsi, 6 - Barcelona

© Éditions Amphora - Mars 2021
978 249 228 403 8

Introduction

Il aura suffi d'une simple conversation téléphonique pour faire germer l'idée de ce livre. D'un côté, un éditeur en quête d'une nouvelle équipe, Renaud Dubois ; de l'autre, moi, auteure-traductrice-relectrice passionnée, mais tellement addict au sport que, même en période de vaches maigres, je ne peux pas envisager de changer de profession ni de l'exercer ailleurs que chez moi.

Les questions/réponses s'enchaînent naturellement, jusqu'au moment où j'entends cette proposition tant redoutée : un poste de salariée dans les locaux parisiens d'Amphora. Aussitôt, je sens la panique monter en moi. Je travaille pour cette maison d'édition depuis deux ans et tiens absolument à continuer, mais je sais aussi que je ne pourrai pas supporter longtemps de prendre le RER tous les jours et rester enfermée dans un bureau, tout en me retrouvant limitée à une petite heure de sport quotidienne. Je dois répondre. Mais quoi ? Je ne veux pas mentir. Être hypocrite ou me voiler la face me mènerait droit à l'échec : j'ai besoin de mes heures de sport quotidiennes pour mon équilibre. Je dois refuser.

J'envisage déjà le scénario catastrophe et la fin inéluctable de notre collaboration, mais si je me prive de sport, c'est ma santé que je mets en jeu. Aucun compromis possible, donc. Depuis vingt ans, j'ai toujours gardé la même ligne de conduite, et cela m'a réussi. Je réponds donc par la négative : « Le travail lui-même m'intéresserait beaucoup, mais en tant que salariée, je suis désolée, c'est totalement impossible. » C'est dit.

J'enchaîne immédiatement en expliquant très honnêtement le pourquoi de cette décision. Je m'attends au pire et à ce que Renaud Dubois prenne ombrage de ma réponse, mais il la respecte, au contraire, et y voit une opportunité : un livre-témoignage sur la bigorexie. Cette addiction touche beaucoup de gens, mais peu osent l'avouer. Je l'assume pleinement et j'adore écrire. Le projet me tente énormément, et une multitude d'idées affluent sur ce que j'aurais à dire, mais je trouve terriblement prétentieux d'écrire sur moi, et de gros doutes m'assaillent : qui vais-je intéresser, puisque je ne suis pas célèbre ? Et si ce témoignage se révélait autodestructeur ?

Je m'accroche à l'idée que le sujet, et donc tout ce qui importe, est la bigorexie et aider ceux qui en souffrent ou les proches de sport-addicts. Pour cela, je dois faire ce livre. Toutefois, un témoignage aussi personnel m'amènera à évoquer des épisodes de ma vie et des comportements vraiment peu glorieux. J'ai toujours craint le regard des autres, et clairement, j'ai peur de faire honte à ma mère et ma sœur. Avant d'accepter définitivement ce projet, je leur demande donc leur accord. Sans la moindre hésitation, elles me répondent toutes les deux positivement, avec beaucoup d'enthousiasme : elles trouvent l'idée formidable et me soutiennent à 100 %, sans me demander aucun droit de regard. Après quelques jours de réflexion, j'accepte finalement de relever ce défi personnel, mais choisis de ne pas en parler à mon entourage pour ne pas être perturbée.

Je le serai, pourtant, et fortement ! C'est une chose de dire que j'assume ma bigorexie, c'en est une autre de la regarder bien en face et d'en parler ouvertement avec force détails. Outre me confronter crûment à tous mes comportements déviants, ce livre m'a replongée dans un passé ponctué de moments excessivement douloureux, mais je me devais de vous raconter mon chemin de vie. Car on ne naît pas sport-addict : on le devient, pour des raisons qui varient selon les individus. Pour moi, la bigorexie s'est installée petit à petit depuis l'enfance, profitant de mon goût immodéré pour le sport, bien sûr, mais aussi de la moindre de mes faiblesses psychologiques et de mon énergie débordante.

Aujourd'hui, à presque 50 ans, je suis toujours sous le joug de cette addiction. C'est dire si je suis une bigorexique vraie de vraie ! D'autant que, même si je me suis un peu assagie suite à mes trois accidents graves et avec l'âge, j'ai encore besoin de mes deux séances de sport quotidiennes. Entre 4 et 5 heures quasiment 365 jours/365, sachant qu'il y a quelques années, je dépassais 6 heures… Effarant, n'est-ce pas ? Mais tellement révélateur de l'emprise que la bigorexie a sur moi !

Comme si gouverner ma vie ne lui suffisait pas, elle m'a amenée à des comportements totalement déraisonnables, voire extrêmement dangereux, et peut me dépersonnaliser au point de me rendre égoïste à en faire souffrir ma famille. Pourquoi, alors, ne pas m'en affranchir si je suis si consciente de son effet dévastateur ? Parce que, comme n'importe quel drogué, je sais qu'elle me détruit, mais elle m'apporte aussi tellement ! L'alcoolique est parfaitement conscient qu'il risque une cirrhose du foie : pourtant, il ne peut pas renoncer au plaisir de l'ivresse qui va noyer et dissoudre ses soucis et angoisses du moment.

Le sport est le seul à me donner un tant soit peu confiance en moi, à me détendre vraiment, à canaliser mon énergie et à me ressourcer psychologiquement. D'ailleurs, ironie suprême, l'écriture de ce livre consacré à la bigorexie n'a cessé d'entretenir insidieusement cette addiction, puisque la meilleure manière pour moi de structurer mes pensées, d'identifier les sujets à aborder et de trouver des formules pertinentes était de passer des heures sur mon vélo ou d'avaler à pied des kilomètres de sentiers forestiers !

L'aspect particulièrement pervers de cette addiction est que le sport a une image positive : il est bon pour la santé, et même pratiqué à outrance, il semble toujours moins pire que boire, fumer ou se shooter. Ce point de vue vaut pour mon inconscient comme pour l'entourage : jamais personne ne jugera positivement le comportement d'un alcoolique ou d'un boulimique, alors que la quasi-totalité des gens sont admiratifs de me voir si souvent sur le vélo ou aller faire ma séance d'aviron quelle que soit la météo. D'ailleurs, nombre de fois, on me souhaite « bon courage », alors qu'il ne m'en faut aucun : j'y vais par envie, par plaisir... et par besoin.

Le footballeur Bixente Lizarazu[1], l'une des rares célébrités à avoir avoué sa bigorexie, explique clairement ce schéma : « C'est ma passion [le sport]. J'ai trouvé mon équilibre comme ça [...], ça a été ma boussole toute ma vie. C'est vrai que je suis un peu excessif. Il y a cette bigorexie, je le sais. Mais je préfère avoir cette maladie, entre guillemets, que d'autres addictions. Simplement, il faut que je sache la gérer. »

Le problème, c'est que la bigorexie est ingérable : on devient intoxiqué au sport comme on le serait avec la cocaïne. Il en faut toujours plus, et si l'on n'a pas sa dose, on se retrouve dans une situation de manque comparable à celle d'un fumeur qui n'aurait pas sa cigarette adorée du matin. Fébrilité, irritabilité, incapacité de se concentrer pleinement sur nos autres activités tant n'avoir pas fait notre séance de sport nous obsède.

C'est toute cette problématique que je me suis efforcée de décrypter au mieux dans ce livre au travers de mon témoignage. Après une brève pré-

1 Interview du 26 avril 2018 sur RTL.

sentation théorique de la bigorexie, je vous expliquerai comment elle a refermé ses serres sur moi, proie si facile au vu de mes failles psychologiques et des circonstances... à moins que je ne lui aie laissé inconsciemment la porte grande ouverte... Car malgré tous ses impacts négatifs sur ma vie, mon entourage et ma santé, mon addiction au sport reste la seule manière pour moi de ne pas perdre pied et d'avancer sans jamais baisser les bras. Je vous détaillerai au maximum ces deux aspects qui font toute l'ambivalence de la bigorexie. Qui justifient aussi que, malgré trois accidents graves de vélo et toute la douleur physique et psychologique qu'ils ont engendrée, je suis restée sport-addict.

Toutefois, cela m'a – heureusement ! – aussi amenée à une remise en question et à porter un regard critique sur mes comportements passés. Débarrassée d'une partie de mon « aveuglement bigorexique », je suis devenue plus raisonnable – ou, a minima, moins déraisonnable ! J'ai enfin renoncé aux comportements les plus dangereux sans en éprouver de culpabilité, mais au contraire de la fierté. (Rouler à vélo quand la météo annonce du verglas paraît totalement insensé, mais cet exemple parmi tant d'autres n'a pourtant rien d'exceptionnel quand l'addiction est notre seule guide.)

Le sport peut devenir notre pire ennemi, et si ce livre peut éviter à certain(e)s d'entre vous ou de vos proches d'en arriver là, j'aurai atteint mon objectif. C'est pourquoi je le terminerai par des conseils tirés de mon expérience à la fois à l'attention des bigorexiques et de ceux qui en connaissent. De nombreux signes permettent de repérer l'addiction, mais il faut souvent savoir lire entre les lignes. Ce qui peut passer pour une super performance peut en réalité n'être qu'un acte dangereux, dicté uniquement par la volonté irrépressible de faire toujours plus et de ne rien céder. Ne soyez pas admiratif d'un ami qui vous dirait avoir fait toute sa séance de home trainer à fond malgré ses poumons qui le brûlaient et son mal de dos : voyez-y au contraire un signal d'alarme d'un comportement beaucoup plus proche d'une addiction que d'une passion pour le sport.

Même si celui-ci est alors tout à fait comparable à une drogue – dure –, je suis convaincue qu'un sevrage brutal et total comme avec la cigarette ou l'alcool est totalement impossible. Si vous n'êtes pas sportif, seriez-vous capable, du jour au lendemain, de faire 15 km de course à pied, deux cours de danse ou trente longueurs de piscine absolument tous les jours, 7 jours/7 ? Au vu de mon âge et de mes expériences douloureuses, mais aussi du comportement de mes ami(e)s sport-addicts – plusieurs ayant largement passé 70 ans –, je doute aussi sincèrement que, même avec le temps, on puisse vraiment se défaire de cette addiction. Quoi qu'il en soit – et c'est toute la raison d'être de ce livre –, il est toujours possible de l'atténuer et de la « raisonner ».

Chaque bigorexique étant différent, il n'existe aucune solution universelle. Au travers de mon parcours, vous découvrirez ce qui est assurément le pire facteur pour évoluer positivement : l'accident grave. L'idéal serait que mon témoignage serve de garde-fou et qu'il vous motive à vous défaire de l'emprise de la bigorexie ou à accompagner un proche dans cette démarche avant que le pire n'arrive. Je vous livrerai plusieurs pistes à cette fin, car si cet ouvrage doit permettre de comprendre la complexité de cette addiction d'un genre si particulier, j'aimerais surtout qu'il puisse aider un maximum de bigorexiques à revenir à une pratique 100 % plaisir de leur activité physique préférée.

Le sport forgeant un mental de battant, tout bigorexique a en lui la capacité de s'en sortir. Desserrer l'étau de son addiction n'est donc pas une question de faisabilité, mais de volonté.

PARTIE 1

La bigorexie : sous l'emprise du sport

Pendant les périodes de confinement imposées par la crise sanitaire de la Covid 19, les médias et les réseaux sociaux ont relayé de nombreuses performances sportives particulièrement inattendues, à l'instar de cet Italien qui a couru un marathon autour de sa table de cuisine. Je pourrais aussi citer la traileuse vendéenne, Mélinda Morelle, qui a fait presque 700 fois le tour de son jardin pour cumuler 85 km, équivalent de son numéro de département, ou encore la championne olympique néerlandaise de natation, Sharon von Rouwendaal, qui s'est attachée à un arbre avec un élastique pour continuer à s'entraîner en nageant sur place dans sa piscine... dans une eau voisine de 10 °C !

Cela vous paraît complètement fou, n'est-ce pas ? Pourtant, voilà exactement jusqu'à quelle extrémité peut mener la bigorexie : le sport-addict est prêt à absolument tout et n'importe quoi pour avoir sa dose d'activité physique.

D'ailleurs, peut-être n'avez-vous pas porté du tout le même regard sur ces performances. Au lieu de les trouver démentes, peut-être avez-vous, au contraire, ressenti de l'admiration pour leurs auteurs, une sorte de compassion, voire un certain soulagement, en vous disant qu'ils avaient fait pire que vous, qu'il y avait encore plus accro que vous ! Vous, vous avez « juste » accompli 100 km de vélo dans le parking souterrain de votre immeuble en enchaînant des allers-retours de 200 m... Ne riez pas : l'une de mes connaissances l'a fait ! Et je pourrais vous donner bien d'autres exemples de trésors d'ingéniosité que des amis ont déployés pour faire leur entraînement de trail ou pour se fabriquer un rameur en salle maison, qui leur permette de préserver leur séance d'aviron indoor quotidienne.

Sous des apparences innocentes et sous couvert de l'image positive associée au sport, la bigorexie est une addiction terrible, insidieuse et destructrice. Dans cette première partie introductive, je vous propose une présentation essentiellement théorique de cette pathologie – car c'en est une –, mais dès la deuxième partie de ce livre, vous découvrirez une illustration on ne peut plus concrète et parfaite de la bigorexie au travers de mon expérience personnelle et de mon témoignage.

La bigorexie : une addiction d'un autre genre

Mot constitué de l'adjectif anglais *big* (grand) et du suffixe grec *orexis* (appétit), la *bigorexie* est aussi appelée *sportoolisme*, terme beaucoup plus explicite pour désigner cette dépendance à l'activité sportive. Maladie reconnue par l'OMS (Organisation mondiale de la santé) depuis 2011, elle fait partie des addictions comportementales, au même titre que celles aux jeux d'argent ou vidéo, les addictions alimentaires ou les achats compulsifs, par exemple.

Pour expliquer précisément cette pathologie dont souffrent les accros à l'activité physique et à l'effort, les fameux *sport-addicts*, je vous propose ces deux définitions complémentaires :

- Celle qu'en donne le Centre d'Études et de Recherches en Psychopathologie de Toulouse, d'abord : « besoin irrépressible et compulsif de pratiquer régulièrement et intensivement une ou plusieurs activités physiques et sportives, en vue d'obtenir des gratifications immédiates, et ce, malgré des conséquences négatives à long terme sur la santé physique, psychologique et sociale. »

- Celle du Dr Dan Veléa, psychiatre, addictologue et psychothérapeute, ensuite :

> « une recherche de sensations de plaisir, de désinhibition à travers la pratique sportive, qui aboutit à l'installation d'un besoin impérieux et en constante augmentation, avec en cas d'arrêts forcés de la pratique (blessures, problèmes d'emploi du temps), la manifestation de signes de sevrage physiques et psychologiques plus ou moins intenses. »

Aussi claires soient ces définitions, je suis absolument convaincue qu'il faut être sport-addict soi-même pour comprendre et mesurer vraiment notre dépendance et notre enfermement dans ce système sportif. J'aimerais donc les compléter par deux exemples qui, j'espère, vous aideront à mieux appréhender cette problématique.

Dans un premier temps, pensez à un aliment que vous aimez beaucoup et qui vous apporte plaisir et réconfort, puis essayez de vous mettre dans la situation où, à chaque fois que vous allez en manger, vous le remplacez par un autre. Par exemple, si vous adorez le chocolat, à chaque fois que vous avez envie d'un carré (ou d'une tablette entière pour les plus gourmands !), prenez une pomme ou une orange à la place. Éprouvez-vous le même plaisir ?

Maintenant, imaginez-vous au moment de l'apéritif. Si vous adorez les cacahuètes ou le saucisson sec, et si je vous propose à la place des bouquets de chou-fleur cru ou des tomates cerises, ne ressentirez-vous pas comme un certain manque et une certaine frustration ? Et je ne vous parle même pas de trinquer à l'eau claire au lieu d'un whisky ou d'un kir ! Bien sûr, ces comparaisons sont très loin de l'emprise qu'a la bigorexie sur le sportif, mais elles peuvent vous en donner une petite idée, malgré tout, et vous aider à mesurer la difficulté que la personne aura à s'en sortir.

Qui sont les sport-addicts ?

La bigorexie étant une addiction plutôt récente et encore assez méconnue, il existe peu d'études à son sujet. Il est donc difficile d'évaluer le nombre de personnes concernées et de dresser un profil type, d'autant que beaucoup de sport-addicts s'ignorent ou refusent d'admettre qu'ils souffrent de cette pathologie, et que, souvent, leur entourage voit juste en eux de « grands sportifs ». Mais comment pourrait-il en être autrement ? Un bigorexique (moi la première !) se vante rarement auprès de ses proches des nombreuses heures de sport qu'il accomplit réellement, car il y perçoit bien là un comportement quelque peu honteux.

D'après pratiquement le seul chiffre disponible et qui date de 2018, environ 15 % des sportifs seraient concernés, amateurs et professionnels confondus.

Car cette pathologie ne touche pas que des sportifs de haut niveau. Certes, ils semblent plus exposés, à cause de l'isolement induit par leur mode de vie et de leur planning digne de celui d'un militaire, mais si vous connaissez des « dingues de sport » dans votre famille, parmi vos amis ou vos collègues, il y a fort à parier qu'au moins l'un d'entre eux est sport-addict. Et contrairement à ce que l'on pourrait penser, il ne s'agit pas d'une addiction exclusivement masculine : j'en suis la preuve par excellence, et je côtoie aussi bien des femmes que des hommes bigorexiques.

Malgré tout, il existerait des personnalités plus à risques, notamment les hyperactifs, les perfectionnistes et les gens très rigoureux, voire rigides. Certaines disciplines favorisent également l'addiction : les sports d'endurance, d'une part, comme le jogging ou le vélo, et les sports axés autour de l'image corporelle, d'autre part, tels que la danse, la gymnastique et surtout la musculation, dont les pratiquants tombent vite dans l'excès, tant ils sont à la recherche du corps magnifiquement sculpté.

Cela étant, à partir de quel volume d'heures de sport passe-t-on de la pratique intense mais « normale » à une addiction ? Il est impossible de répondre précisément, car le seuil varie en fonction des capacités et des aptitudes de chacun. Néanmoins, il existe une sorte de consensus selon lequel la quantité critique avoisinerait une dizaine d'heures hebdomadaires.

Pourquoi le sport peut-il devenir une drogue ?

L'image classique que l'on a du drogué amène tout de suite à penser que les causes de l'addiction sont psychologiques : l'alcoolique boit pour oublier sa déprime, le fumeur allume une cigarette pour se déstresser, le junkie se pique pour fuir une réalité qui lui est insupportable, etc. Certes, l'aspect psychologique joue généralement un grand rôle dans le déclenchement de la bigorexie, mais sur cette addiction spécifique, les hormones agissent de manière redoutable. D'ailleurs, je me demande si le sportif « mal dans sa tête » a vraiment une quelconque chance de ne pas devenir sport-addict…

Le sport, un palliatif à tous les maux

Les facteurs psychologiques constituent un déclencheur fondamental de la bigorexie, et par ricochet, ils mettent le feu aux poudres ou, plus justement, aux hormones, comme nous le verrons dans un instant. Ils peuvent être de différents ordres, mais d'une manière générale, la bigorexie touche des personnes qui se sentent mal dans leur peau et espèrent fuir ou guérir leurs souffrances psychologiques grâce au sport.

En premier lieu, on pensera souvent au sportif qui tombe dans l'addiction parce qu'il ne supporte pas son image physique : se trouvant trop gros ou, à l'inverse, trop maigre, pas assez musclé, il se lance à corps perdu (si j'ose dire !) dans le sport, afin de se sculpter une silhouette de rêve. Ce phénomène est si fréquent qu'il porte un nom : le complexe d'Adonis.

Néanmoins, beaucoup deviennent sport-addicts pour combler un manque ou un vide affectif ou professionnel. Perte d'un être cher, relation difficile avec son père ou sa mère, divorce, impossibilité de trouver un partenaire de vie, chômage durable, et j'en passe : les causes possibles sont légion. D'autres voient dans le sport une manière de combattre leur manque de confiance en eux ou de soulager leur stress et leur déprime.

Je pourrais allonger la liste, mais est-ce vraiment utile ? Il est clair que le bigorexique se noie dans le sport parce qu'il le considère comme la solution miracle à tous ses maux.

Les hormones : un cocktail explosif

Pires qu'un vautour guettant sa proie, les hormones sortent leurs griffes dès que le sportif se met en activité, et plus il nage, pédale, court, rame ou fait d'agrès, plus elles resserrent leur étau. Sport-addict, moi ? Oui, mais ce n'est pas de ma faute : c'est celle de mes hormones !

L'ADRÉNALINE

Vous connaissez assurément cette hormone du stress qui augmente notre pression artérielle et fait monter le rythme cardiaque. En effet, pas besoin d'être un grand sportif ni un sportif de l'extrême pour avoir déjà ressenti cette fameuse « poussée d'adrénaline » : une descente très raide à ski, la roue arrière du vélo qui dérape, un obstacle à sauter avec son cheval ou une compétition même amateur ne sont que quelques exemples.

En revanche, vous ignorez peut-être que l'adrénaline peut aussi libérer du sucre et des graisses qui vont apporter de l'énergie à notre organisme, permettant ainsi à celui-ci de fournir un effort conséquent. Autrement dit, elle dope notre force musculaire et brûle des graisses. Le sportif en quête de sensations fortes et de sa dose d'efforts, de surcroît soucieux d'avoir un corps d'Appolon, devient donc une proie rêvée.

LA DOPAMINE

Elle porte aussi le nom charmeur d'« hormone du bonheur », car elle est libérée par notre cerveau lors d'activités ou d'événements que nous associons au plaisir. Elle joue également sur la vigilance. Sous l'effet combiné de ces deux facteurs, le sportif ressent donc beaucoup moins la fatigue et devient plus productif. Sachant qu'au début, tout bigorexique pratique sa discipline favorite parce qu'il y prend un vrai plaisir, le chemin se trouve ainsi tout tracé vers une pratique de plus en plus soutenue... jusqu'à l'addiction.

LES ENDORPHINES

Comme si la dopamine ne suffisait pas, le corps humain produit également une sorte de morphine naturelle qui, elle aussi, provoque une sensation de plaisir, mais pas seulement : elle agit en plus comme anti-douleur. Et devinez quand le cerveau libère ces endorphines ? Pendant et après une activité physique intense. Résultat : le sportif peut produire des efforts plus importants même sur une longue période sans en souffrir. Bien au contraire, il atteint même ainsi une sorte d'état euphorique ! D'ailleurs, si vous faites de la course à pied ou du trail, sans doute avez-vous déjà connu ce phénomène, souvent appelé *runner's high* (l'extase du coureur). Cela voudrait-il dire qu'il faut rester de marbre pour ne pas dériver vers la bigorexie ?

LES CANNABINOÏDES

Pas d'inquiétude : je ne vais pas me lancer dans un exposé scientifique, mais il faut bien appeler un chat un chat ! D'ailleurs, si vous regardez ce « gros mot » de plus près, vous constaterez qu'il n'est pas si obscur qu'il en a l'air… N'y devinez-vous pas une substance bien connue des drogués ? Le cannabis, effectivement ! Bien évidemment, ce nom n'a pas été choisi au hasard.

En effet, pendant tout le temps où vous pratiquez une activité physique et produisez des efforts, le récepteur CB1 qui agit sur nos systèmes de motivation et de récompense se trouve stimulé, comme avec le cannabis. Conclusion : plus on fait du sport, plus la motivation et le plaisir augmentent.

Avouez qu'avec toutes ces hormones, celui qui devient sport-addict a de véritables circonstances atténuantes ! À moins que cela ne me déculpabilise, moi, vis-à-vis de ma bigorexie, de le penser...

Comment en rester à une pratique sportive raisonnable ?

S'il y avait une solution miracle qui permette à coup sûr aux sportifs de ne jamais sombrer dans la bigorexie, je serais la première à m'en réjouir et à vous la donner. Malheureusement, je ne peux vous livrer que quelques pistes.

- La première consiste à pratiquer **plusieurs sports très différents**, en évitant ceux que nous avons évoqués précédemment comme tendant a priori à favoriser l'addiction.

- La deuxième, qui me paraît vraiment efficace, est de choisir une discipline qui se pratique obligatoirement **en groupe ou au sein d'un club**. Ainsi, le sport-addict en devenir sera obligatoirement soumis à des éléments extérieurs qui restreindront, de fait, son volume d'activité, comme des horaires d'ouverture, tout simplement. Par ailleurs, il sera constamment soumis au regard des autres ; sachant que le bigorexique a souvent honte d'avouer le nombre d'heures d'activité qu'il accumule, il n'osera donc peut-être pas en faire autant au vu et au su des autres sportifs.

- Enfin, pour ceux qui en ont les moyens financiers, une troisième piste est de se faire accompagner par un **coach de vie ou sportif**. Non seulement celui-ci régulera l'activité de la personne déviant vers la bigorexie, mais il lui évitera aussi des mouvements incorrects, un aspect à ne pas négliger pour des disciplines comme la musculation, a fortiori pratiquée de manière intense.

Quand faut-il tirer la sonnette d'alarme ?

Nul ne devient sport-addict du jour au lendemain. Même si la dérive peut être rapide, de nombreux signaux d'alerte permettent d'enrayer le processus avant d'en arriver à la bigorexie : faites-y attention tant pour vous que pour vos proches, car cette vigilance et cette prise de conscience sont vos plus grandes chances d'éviter l'accident.

Et ne croyez pas que je parle dans le vide en vous donnant ce conseil ! J'ai fait trois chutes graves en vélo, suivies de plusieurs mois d'immobilisation. Donc loin de moi l'idée de jouer les moralisatrices. Si vous êtes un grand sportif, je voudrais juste que vous preniez vraiment le temps de lire ce qui suit et de vous interroger sur votre pratique. Regarder les choses en face et, le cas échéant, admettre que vous êtes sur le point de devenir sport-addict ou que vous avez déjà franchi la limite ne sera jamais une marque de faiblesse, bien au contraire : vous ne pourrez que vous en féliciter et en être très fier.

Prenons un exemple concret, qui aura l'avantage de parler à tout le monde. Vous avez rendez-vous chez le dentiste à 9 h 30, avant d'enchaîner sur deux réunions professionnelles. Il est 6 h – car évidemment, vous avez avancé l'heure du réveil pour pouvoir faire votre séance de sport malgré votre planning chargé –, ce qui vous laisse 2 heures pour vos 50 km de vélo si vous tenez compte du temps nécessaire pour prendre une douche, vous habiller et filer au cabinet dentaire – car, autre évidence, vous avez préparé toutes vos affaires la veille pour ne pas risquer de perdre une seule minute de vélo. Du coup, quand votre smartphone sonne alors que vous roulez, obnubilé par vos 50 km, vous ne vous arrêtez pas : vous répondez en continuant à pédaler.

À ce moment-là, un piéton traverse juste devant vous, sans regarder. Étant en partie concentré sur votre conversation téléphonique et n'ayant qu'une main sur le guidon, vous évitez la personne de justesse, sans trop savoir comment. Grosse frayeur, mais vous vous dites « Ouf ! c'est passé, j'ai eu de la chance ! » (Sans doute ajouterez-vous quelque chose comme « Quel abruti ! », mais ce n'est pas le point qui nous occupe ici...) Devez-vous en être fier ? Non, absolument pas !

Pour avoir vécu ce genre d'expérience et ne plus jamais décrocher mon téléphone en vélo, désormais, sauf à m'arrêter, je vous garantis que l'on est deux fois plus fier de se dire « Avant, j'aurais pu être au téléphone, et jamais je n'aurais pu éviter ce piéton. » Vous serez très content de vous et d'être devenu plus raisonnable. Ceci n'est qu'un exemple, mais il y en a bien d'autres !

Voici les questions qu'il convient de se poser :

- Votre pratique sportive vous éloigne-t-elle de plus en plus de votre famille et de vos amis ?
- Votre pratique sportive nuit-elle à votre vie professionnelle ?
- La durée et le nombre de vos séances de sport sont-ils en constante augmentation ?
- Vos performances commencent-elles à stagner, voire à baisser ?
- Ressentez-vous de plus en plus souvent un épuisement général ?
- Continuez-vous à faire vos séances même si vous avez très mal à un muscle ou une articulation, ou un problème tendineux ?
- Vous arrive-t-il de maintenir une séance même si vous savez qu'elle met votre vie en danger, par exemple en allant malgré tout rouler en vélo en cas de tempête ou de pluies verglaçantes, ou faire votre trail d'entraînement en haute montagne si la météo annonce de très violents

orages ? (Ces exemples ne sont pas du tout exagérés, absurdes ou irréalistes : certains de mes amis sont allés jusque-là… et continuent à tenter le diable en pareilles situations.)

- Souffrez-vous de plus en plus de problèmes osseux, musculaires ou tendineux, comme des déchirures, des entorses ou des fractures de fatigue ? Pire encore, avez-vous fait un infarctus récemment ?
- Avez-vous commencé à prendre des produits anabolisants ou des compléments protéinés ?
- Ressentez-vous de plus en plus une sorte de contrainte à faire vos séances de sport ?
- ***Honnêtement, le sport vous procure-t-il encore du plaisir ?***

Si vous avez répondu « oui » à une grande partie des questions et surtout « non » à la dernière, le processus de dépendance est, au mieux, en train de se mettre en place, au pire, déjà bien établi. Dans les deux cas, réagissez pour y mettre un frein, car si vous refusez de regarder la vérité en face, un jour ou l'autre, vous le regretterez… et il sera trop tard.

Si vous craignez que l'un de vos proches ne soit sport-addict, interrogez-vous sur son mode de vie par rapport aux aspects mentionnés. Si vous pensez qu'il y a danger, abordez le sujet le plus diplomatiquement possible avec la personne et essayez de lui poser les mêmes questions. Il est peu probable qu'elle vous réponde honnêtement, mais cela peut aider à enclencher une prise de conscience.

Comment se sevrer d'une addiction au sport ?

À partir du moment où le sport est devenu une drogue, il est possible de s'en sevrer, au même titre que de n'importe quelle addiction. Simplement, dans ce cas précis, l'objectif ne sera pas nécessairement d'arriver à une complète abstinence, comme avec l'alcool ou le tabac – je doute d'ailleurs qu'un tel résultat soit réellement possible – : le but sera d'abord de revenir à une pratique raisonnée.

Quoi qu'il en soit, pour avoir une quelconque chance de réussite, le bigorexique doit d'abord reconnaître la nature toxique et nuisible de sa pratique et être animé d'une vraie volonté de s'en sortir, car il n'existe pas de pilule miracle qu'il suffirait d'avaler pour guérir en quelques jours. Certes, il est toujours possible de prendre des médicaments de type anxiolytiques ou antidépresseurs pour lutter contre l'anxiété ou la déprime qui ont mené vers la dépendance au sport ou qui résulteraient de la tentative de sevrage, mais cela ne résoudra jamais le fond du problème. ***Jamais.*** Cela ne fera que le masquer et retarder la prise de mesures vraiment efficaces.

Une fois résolu à se débarrasser de sa dépendance, le sport-addict dispose d'une multitude de solutions pour y parvenir : l'important est de trouver celle qui lui correspond le mieux et de ne pas hésiter à en tester plusieurs. Toutefois, dès le départ, le bigorexique doit être bien conscient que le processus de sevrage sera long. Sinon, il va au-devant de déconvenues qui le décourageront très vite.

La première partie de ce livre se voulant théorique, je vous livre ici des pistes générales et « reconnues » pour s'extraire du carcan de la bigorexie. En revanche, dans la quatrième partie, je vous proposerai des conseils beaucoup plus personnels, tirés de mon expérience. Il n'existe aucune solution universelle, malheureusement, mais je suis sûre qu'en piochant ici et là, vous trouverez votre propre chemin pour sortir de votre prison sans barreaux à vous ou en faire sortir un proche.

Suivre une thérapie par la parole ou comportementale et cognitive

Pour cela, il est possible de s'adresser à un psychologue (du sport, idéalement), un sophrologue, un hypnothérapeute, un addictologue ou un médecin du sport. L'idéal est d'en consulter un recommandé par un ami ou parent. Sinon, le mieux est de contacter un organisme comme un Centre de Soins, d'Accompagnement et de Prévention en Addictologie (CSAPA - *https://annuaire.action-sociale.org/etablissements/readaptation-sociale/centre-de-soins-accompagnement-prevention-addictologie-197.html*), une antenne médicale de prévention du dopage (*www.ampd.fr*) ou le Centre d'Accompagnement et de Prévention pour les Sportifs (CAPS) du CHU de Bordeaux (*https://www.chu-bordeaux.fr/Les-unités-médicales/Centre-d-accompagnement-et-de-Prévention-pour-les-Sportifs-(CAPS)*).

Le type de prise en charge variera en fonction des conséquences physiques, sociales et relationnelles de l'addiction, mais le cheminement se fera toujours par paliers, avec des objectifs successifs. Dans un processus aussi difficile qu'un sevrage, il est important que la personne sente qu'elle progresse vers son but ultime. Chaque victoire, si petite soit-elle, encouragera le sport-addict à poursuivre ses efforts pour se débarrasser de sa dépendance.

La relation avec le thérapeute jouant assurément un rôle essentiel, il faut absolument que le bigorexique soit prêt à en changer quand il sent que « le courant ne passe pas. » Cela vaut tout particulièrement pour un psychologue, bien sûr, mais pas seulement. Par exemple, il existe différents types d'hypnoses : l'ericksonienne peut tout à fait soulager un bigorexique, mais rester sans aucun effet sur un autre, qui sera, en revanche, réceptif à une hypnose humaniste.

Pratiquer la relaxation

La relaxation présente plusieurs intérêts. Outre limiter le stress et l'anxiété, elle permet de supporter le manque et le sevrage, et de ne pas culpabiliser de ne pas s'entraîner. Ce dernier point est très important, car beaucoup de bigorexiques ont une piètre image d'eux-mêmes. S'ils renoncent à une séance alors que le sport fait maintenant partie de leur *to-do-list* quotidienne, ils ont l'impression d'être lâches, faibles et totalement minables.

Dans le même ordre d'idée, la technique de l'arrêt de la pensée peut produire de bons résultats, en aidant à limiter les sensations négatives intenses, éprouvées à certains moments ou dans certains contextes, et qui accentuent le ressenti du manque d'activité. Son principe est simple : isolée dans un lieu calme, la personne doit se concentrer totalement sur la pensée qui la dérange terriblement et, quand elle devient incapable de supporter l'angoisse qui l'envahit, crier très fort un mot tel que « Stop ! », « Arrête ! » ou « Assez ! »

Au début, le sport-addict devra répéter ce processus à maintes reprises tous les jours, sans en ressentir forcément un immense bienfait, mais peu à peu, la balance s'inversera, et il aura de moins en moins d'efforts à faire sur lui-même pour bloquer ses pensées négatives et en éprouver un soulagement croissant.

Se fixer des objectifs d'entraînement

En parallèle d'une thérapie auprès d'un professionnel et/ou de séances de relaxation, le bigorexique peut tenter de se fixer des objectifs accessibles, ayant pour but de l'aider à gérer ses durées et volumes d'activité. En effet, chaque objectif atteint lui renverrait une image positive de lui-même et l'inciterait à ne pas poursuivre son entraînement au-delà, freinant ainsi sa quête de performance et barrant la route aux excès, sans pour autant donner au sport-addict l'impression d'échec, de faiblesse ou de « rester sur sa faim. »

J'emploie volontairement le conditionnel, car ce conseil fait partie de ceux que j'ai entendus. Cependant, j'ai vraiment peine à croire qu'un bigorexique en pleine dépendance parvienne à réduire de lui-même ses exigences en volume d'activité et en niveau de performance. Bien sûr, cette réflexion n'engage que moi, car ce livre n'a aucune prétention scientifique ou moralisatrice : je veux juste témoigner le plus honnêtement possible de ce que j'ai vécu et vis encore, dans l'espoir que cela puisse aider des sport-addicts à s'en sortir ou des gens de leur entourage à détecter et comprendre le piège de la dépendance au sport.

PARTIE 2

Du plaisir à l'addiction : une dérive insidieuse

Maintenant que vous avez une plus juste idée de ce qu'est la bigorexie, voyons concrètement comment elle peut ferrer sa proie et resserrer peu à peu ses griffes sur sa victime. Je n'en suis qu'une parmi des milliers d'autres, donc mon cas ne peut en aucun cas être considéré comme la norme. Si vous-même êtes sport-addict, peut-être découvrirez-vous que nous avons quelques failles communes, et sans doute vous reconnaîtrez-vous dans certains de mes comportements. Si vous avez un proche bigorexique, j'espère que mon témoignage vous apportera un éclairage salvateur sur ce qu'il vit et pourquoi il a pu en arriver là.

Dans la bigorexie, chacun est différent, ni pire ni mieux qu'un autre : notre seul point commun est d'être des victimes plus ou moins consentantes. Mon livre doit rester un témoignage personnel, pas un prétexte à tirer des principes généraux sur l'addiction au sport, ni à énoncer des solutions miracles.

Si je me livrerai avec franchise, ne vous attendez pas pour autant à une confession : bien sûr, je devrai me mettre à nu et raconterai énormément d'anecdotes et d'épisodes de ma vie, mais uniquement dans la mesure où cela s'avère constructif et pertinent par rapport à la bigorexie. Jamais je n'aurais accepté d'écrire cet ouvrage, sinon. Seule l'envie profonde d'essayer d'aider d'autres sport-addicts ou leurs proches m'a permis de surmonter tant bien que mal mes réticences à être le sujet central d'un livre.

Cette partie s'organisera en trois grands volets. D'abord, je vous raconterai mon histoire, mais comme je l'expliquais à l'instant, en me limitant à tout ce qui, année après année, m'a amenée à la bigorexie. Si vous achetez un livre de cuisine, vous n'avez nullement envie que l'auteur vous parle de ses goûts musicaux ou du dernier film qu'il a vu au cinéma ! Il apparaîtra nettement que les circonstances combinées à ma personnalité pleine de failles ont offert une voie royale à ma bigorexie.

Ensuite, je vous expliquerai ce que je vais chercher dans cette pratique excessive du sport, tout autant carburant essentiel – et 100 % bio ! – de ma vie qu'épais rempart de protection pour avancer malgré mes faiblesses et mes doutes. Enfin, j'en viendrai aux aspects subversifs et destructeurs de la bigorexie, qui s'est peu à peu mise à régir ma vie entière. Vous constaterez que cette addiction est extrêmement complexe, car ses apports et ses effets négatifs sont hyperimbriqués, liés d'une manière quasi inextricable : je sais que le sport à si haute dose me détruit, mais il m'apporte tant que rien ne semble pouvoir le remplacer ni même permettre une pratique moins outrancière.

De l'enfant sportive à l'adulte bigorexique

Bientôt 50 ans, célibataire et sans enfants, mais sportive... très sportive... trop sportive. Comment en suis-je arrivée là ? Y a-t-il eu un jour où tout a basculé ? Non, assurément non. Je ne suis pas devenue sport-addict du jour au lendemain, mais année après année, dès ma plus tendre enfance. Bien sûr, à cet âge, j'aimais beaucoup l'activité physique, rien de plus normal. Seulement, cela offrait de solides fondations à la bigorexie. Ajoutez des circonstances extérieures favorables, des faiblesses psychologiques mais une grande résistance physique, et tous les ingrédients étaient réunis pour faire monter la mayonnaise. C'est sans doute pour cela qu'elle a pris aussitôt. Et contrairement au soufflé qui aurait fini par retomber, ma bigorexie s'est affirmée de plus en plus, mettant aujourd'hui le sport au menu d'absolument toutes mes journées.

Pour comprendre pourquoi je suis actuellement dans cette situation, je pense qu'il est essentiel de vous raconter d'abord mon histoire. Enfin... une partie, seulement : même si j'évoquerai successivement l'enfance, l'adolescence, la période estudiantine et l'âge adulte, je ne vais pas me lancer dans ma biographie détaillée ! L'important, pour moi, est de mettre en lumière les aspects et événements qui, en s'enchaînant et s'imbriquant, ont joué un rôle dans le développement de mon addiction. Petit retour en arrière, donc...

Une enfant choyée, mais désemparée

D'aussi loin que je me souvienne, le sport a toujours fait partie de ma vie. Il faut avouer qu'étant une enfant hyperactive, j'offre un terrain plus que favorable. Mes parents m'ont raconté beaucoup d'anecdotes ou de situations témoignant que, dès mon plus jeune âge, je suis déjà une vraie « pile électrique ». À les écouter, un séjour de camping avec moi quand j'étais petite s'apparentait davantage à un camp d'entraînement qu'à des vacances, tellement je les sollicitais ! Mes grands-parents, aussi, m'ont souvent dit que je ne tenais pas en place et qu'il fallait toujours m'occuper.

Toutefois, les circonstances d'alors ont également beaucoup joué sur mon évolution future vers la bigorexie. En effet, mon père et ma mère sont eux-mêmes très actifs et grands amateurs de plein air, et je suis leur premier enfant ; ils n'ont alors même pas 30 ans. J'ai à peine un an quand nous quittons notre Normandie natale pour nous installer dans un petit village vosgien. Des forêts et des champs à perte de vue : un environnement paradisiaque pour une enfant avide d'activités physiques comme moi ! Mais aussi un éloignement physique énorme de toutes nos attaches familiales.

Exilés volontaires pour des raisons professionnelles, nous resterons très longtemps des « étrangers » aux yeux des gens. Une distance renforcée par le fait que maman est institutrice dans le village où nous habitons, et papa professeur aux collège et lycée de la ville voisine. Je suis la fille de la maîtresse, je ne suis « pas d'ici », et cerise sur le gâteau, je porte un prénom totalement inconnu. Difficile, dans ces conditions, de m'intégrer et de me faire des amis. Et plus de 250 km me séparent de mes grands-parents, oncles, tantes, cousins et cousines…

Toute petite, déjà, j'accompagne donc mes parents partout, à commencer par leurs sorties sportives. Chaque week-end et chaque mercredi, nous partons pour une balade à pied ou en vélo. En hiver, la moindre journée libre est mise à profit pour une sortie à skis. Toutes les destinations de vacances sont, elles aussi, choisies dans l'optique d'un séjour actif : la montagne pour la randonnée, la mer pour les baignades et les longues marches sur la plage, etc. Tout cela, je pense, me donne le besoin de bouger et d'être en extérieur, l'amour de la nature, le goût de l'effort. Cela m'habitue aussi à ne pas me laisser rebuter par quelques gouttes de pluie ou une température négative.

Néanmoins, bien d'autres personnes ont dû connaître le même type d'enfance sans pour autant devenir bigorexiques. Pourquoi, chez moi, ce goût du sport dérivera-t-il vers l'addiction ? Sans aucun doute parce qu'il se nourrit de mes faiblesses psychologiques pour finalement m'apparaître comme seul expédient possible.

Comme je l'ai dit, pour la plupart des gens, je suis d'abord et avant tout la fille des enseignants « pas d'ici ». J'ai donc constamment l'impression d'être une enfant pas comme les autres et inférieure à eux. Quoi que je fasse, je sens toujours ce regard différent sur moi, ces non-dits pesants envers « l'étrangère ». Quoi que je fasse ? Pas exactement...

Dans le sport, cette chape de plomb se dissipe. Je passe dans une autre dimension – pas la troisième, heureusement ! Oublié, le regard des autres ; oublié, ce sentiment d'être le vilain petit canard ! Je suis moi à 200 %, car en plus de m'exprimer librement dans le sport, je me découvre, grâce à lui, des ressources insoupçonnées. Petite fille obstinée et volontaire, je donne le maximum pour être performante et m'améliorer sans cesse. Pas question de me laisser distancer en vélo ni de déchausser les skis en haut d'une pente impressionnante : ni la fatigue ni la peur n'auront le dessus, je les dominerai. Le travail de sape que je subis jour après jour dans ce climat plus ou moins conscient de dénigrement n'a plus de prise sur moi : je ne suis pas une mauviette, et j'entends bien le prouver !

D'ailleurs, cela me vaut quelques épisodes croustillants. J'ai notamment souvenir d'un jour où je me retrouve totalement ridicule sur mon petit vélo, bloquée au beau milieu d'une grande flaque d'eau. Papa a voulu me pousser pour me donner de l'élan, mais du haut de mon petit mètre vingt, dans une bouffée d'orgueil – preuve que le sport peut faire naître chez moi des sentiments aux antipodes de ma personnalité habituelle –, je refuse : ils vont voir de quoi je suis capable ! Ils ont vu... et moi aussi ! J'étais animée d'une volonté farouche, mais je me suis totalement surestimée – le prisme trompeur du sport a encore frappé... –, et je finis honteuse et vexée, les pieds trempés.

C'est à cette période que j'ai la chance de découvrir et commencer à pratiquer l'équitation dans un petit club familial qui s'est ouvert près de chez nous. Je suis leur plus jeune adhérente et, comme le dit la responsable, je suis « si légère que le cheval ne sent même pas qu'il a quelqu'un sur son dos. » Pourtant, en manège comme en promenade, tout se passe pour le mieux, et je deviens une passionnée absolue. Je consacre autant d'heures à m'occuper des chevaux avant et après les séances qu'à les monter. Avec eux, je peux être moi-même, je me sens libre, et enfin, je suis sur un pied d'égalité avec les autres enfants dont aucun ne vient du village où nous habitons. Pour la première fois, aussi, d'autres adultes que mes parents me font confiance, et je sens au travers de leur comportement à mon égard qu'ils m'apprécient vraiment.

Ces moments passés au centre équestre sont une véritable bouffée d'oxygène. Hormis des événements familiaux classiques comme Noël, c'est assurément là que je vis les moments les plus heureux de mon enfance. Je ne remercierai jamais assez mes parents extrêmement compréhensifs, qui se sont toujours arrangés pour me conduire et me rechercher, même quand cela les obligeait à se lever tôt, à adapter leur planning en fonction du mien et à attendre longtemps (parfois très longtemps…) que je me décide enfin à quitter mes compagnons à quatre pattes.

Cela étant, dès mon enfance, un autre aspect de ma personnalité contribue à faire germer et grandir mon addiction pour le sport : je me suis toujours sentie un « garçon manqué » et n'ai jamais eu la moindre espèce d'attrait pour les occupations traditionnellement féminines. Au lieu d'apprendre à tricoter, coudre ou cuisiner – activités que j'exècre, aujourd'hui encore –, je préfère passer des heures à jouer au ping-pong avec papa ou à jardiner avec lui, tondre la pelouse, arroser les plantes ou désherber les parterres de fleurs. Comme il s'occupe de l'équipe de foot locale des poussins, je participe même à bon nombre d'entraînements, jusqu'au jour où ma présence féminine devient vraiment incompatible avec le règlement !

C'est à cette époque que naît ma petite sœur. Neuf ans nous séparent, et mon comportement à son égard s'avère extrêmement révélateur de mon aversion pour la féminité et tout ce qui tourne autour. Elle a beau être ma sœur, je la vois d'abord comme un bébé juste bon à pleurer, manger et dormir. Je n'ai aucune envie de la prendre dans mes bras, lui donner le biberon, la bercer ou jouer avec elle : plutôt filer dehors faire du vélo ou une autre activité pendant que mes parents s'en occupent !

Au vu de tous ces éléments, il est clair que dès mon plus jeune âge, le sport me sert de béquille et de refuge, m'offrant un moyen unique de m'affirmer, de combler des manques et de faire au moins temporairement un pied de nez à mes fragilités psychologiques. Les bases de ce qui deviendra ma prison sans barreaux sont posées, et la construction se poursuivra année après année, avec des murs invisibles, pourtant de plus en plus épais.

Une adolescente sur la défensive

Mon adolescence s'inscrit dans la droite lignée de mon enfance : du climat d'hostilité tacite ou manifeste que je sens autour de moi à mon aversion pour la féminité, tous les ingrédients continuent de s'ajouter et de s'entremêler de plus en plus intimement.

Après avoir été « la fille de la maîtresse », je deviens « la fille du prof ». Le collège est à deux pas du lycée, donc dès mon entrée en 6e, j'ai cette étiquette collée sur mon front en jaune fluo. Une étiquette d'autant plus difficile à porter que mon père enseigne l'allemand. Or, à cette époque, la plupart des Vosgiens vouent une haine féroce aux « Boches » – terme abominable, s'il en est, mais que j'emploie à dessein pour essayer de traduire le plus justement possible l'hostilité viscérale que ressent une grande partie de la population envers les Allemands. Après m'être toujours sentie plus ou moins rejetée par les autres pendant mon enfance, je comprends brutalement en arrivant au collège que l'histoire va se répéter. Seulement, cette fois, le processus de destruction sera beaucoup plus sournois et cruel.

En effet, quand on est la fille du prof, on ne sait jamais si les autres élèves vous apprécient vraiment pour ce que vous êtes ou s'ils vous fréquentent dans l'idée d'être bien vus de l'enseignant, voire d'obtenir des informations sur le sujet de la prochaine interrogation : l'esprit humain est parfois tellement mesquin ! Toutes mes relations sont donc marquées par l'hypocrisie réelle ou soupçonnée : jamais je ne réussis à faire vraiment totalement confiance aux autres élèves. Même avec ma meilleure amie, j'ai toujours un doute, une petite voix intérieure qui me dit : « Au fond, es-tu sûre qu'elle t'aime vraiment bien ? »

À ce climat de fausseté s'ajoute un profond sentiment d'injustice. En effet – et n'y voyez aucun orgueil, car mon seul objectif reste d'expliquer tout ce qui a nourri ma dérive vers la bigorexie –, je suis très bonne élève. Peut-être ai-je des prédispositions ; quoi qu'il en soit, je travaille beaucoup et j'apprends sérieusement. Comme dans tout ce que j'entreprends, je donne le maximum et fais du mieux possible.

Seulement, pour tous les autres élèves, mes bons résultats ne sont évidemment dus qu'à une seule chose : je suis la fille du prof. Comme si cela me conférait de manière innée une intelligence suprême et une immense culture qui me rendent forcément bonne dans toutes les matières. Et bien sûr, quoi de plus normal que je réussisse aux interrogations écrites, puisque mon père me donne les sujets la veille à la maison ! Cette injustice me blesse et me révolte. J'en veux profondément à tous ces élèves qui nient que je travaille assidûment pour obtenir de bons résultats, et je les méprise pour prêter à mon père des comportements d'une grande bassesse, qu'il n'aurait jamais pu avoir.

Comme à l'époque du primaire où j'étais dans la classe de ma mère, mes parents mettent toujours un point d'honneur à me traiter à l'identique des autres enfants. Pour eux, il est absolument hors de question qu'être leur fille me fasse bénéficier d'un quelconque régime de faveur, même si, sur certains points, cela occasionnera quelques heurts…

Ainsi, ils refuseront notamment toujours que mon père m'emmène au collège en voiture lorsqu'il part pour sa journée, lui aussi. De la 6e à la terminale, je dois donc prendre les transports scolaires, ce que je vis excessivement mal. À l'arrêt de bus comme pendant le trajet, je sens déjà peser sur mes épaules ce même poids d'hypocrisie latente : quiconque vient me parler ou s'asseoir à côté de moi le fait-il par amitié ou par intérêt ? Et ce petit groupe, à l'écart, qui parle à voix basse et rigole, de qui se moque-t-il ? De moi, assurément, puisque je suis là, toute seule, comme une idiote ! Avec ces trajets imposés en bus, j'ai l'impression de perdre de précieuses heures de liberté et de tranquillité d'esprit. D'ailleurs, dès que je peux – mais ce n'est qu'à partir de la 1re, et seulement certains jours –, je retarde cette plongée en enfer en me rendant au lycée en vélo – comme par hasard…

Les heures de cours m'offrent un cadre rassurant, car mon esprit est totalement focalisé sur le travail. Autant, à l'extérieur, la seule présence des autres élèves me fragilise et me renvoie une image extrêmement négative de moi, autant en classe, il est totalement exclu que leur regard et leur dédain n'impactent mes résultats : j'ai un niveau d'exigence très élevé pour mon travail, et je ne le baisserai pas, même si ma réussite doit m'attirer de plus fortes animosités. Cependant, ces moments sont pratiquement les seuls où je parviens à cloisonner. Le reste du temps, je n'arrive jamais à faire abstraction du jugement des autres et cherche donc par tous les moyens à m'échapper de cet environnement.

Là encore, le sport m'ouvre une porte de sortie, car certains midis, je peux jouer au tennis avec la fille de l'ancien proviseur (étrange coïncidence, non ?!). Ces séances me permettent de me défouler, me faire plaisir, être moi-même… et éviter la cantine. La fameuse cantine… Car évidemment, me sentant tellement mal dans ma peau, je n'échappe pas aux troubles alimentaires. Déjà méprisée juste pour ce que je représente, je ne vais pas en plus donner aux autres élèves matière à se moquer de moi en étant « un boudin » ! Je frôle l'anorexie, c'est certain. Pourquoi n'est-ce pas allé plus loin ? Difficile à dire. Peut-être parce qu'à défaut de réduire drastiquement mon alimentation, je maximise mon activité sportive.

Preuve en est, entre autres, le tennis, justement, car bien sûr, j'y joue aussi régulièrement le mercredi et/ou le samedi, et pendant les vacances. Seulement, pour éviter des allers-retours en voiture incessants à mes parents, j'y vais le plus souvent possible en vélo, soit près de 13 km à chaque fois. Néanmoins, cette distance effrayante pour certains me paraît des plus raisonnables. La « pile électrique » a un peu vieilli, mais elle est comme neuve !

Elle est même intacte sur un autre aspect qui a déjà joué un rôle dans mon enfance et influe énormément sur mon cheminement vers la bigorexie à l'adolescence : mon déni de la féminité. Mon caractère de garçon manqué s'affirme de plus en plus, alors qu'en parallèle, mon corps se féminise. Ne pouvant empêcher ce développement naturel, je commence à entretenir un rapport difficile avec mon corps : au mieux je l'ignore, au pire je le déteste. À l'âge où les filles cherchent à séduire les garçons et à trouver un petit ami, et où la plupart des ados se réjouissent d'aller en boum, rien de tout cela ne m'intéresse. Pourtant, ne renonçant jamais sans avoir d'abord essayé, je tente l'expérience lors de l'anniversaire d'une copine, mais ce sera la seule et unique fois : mon unique souvenir est de m'être morfondue, assise sur le rebord d'une fenêtre, à attendre que cela finisse !

Plus que jamais, je m'accroche au sport qui me libère de ce double carcan du regard dépréciatif que me portent les autres et de ma féminité reniée. Je m'y exprime pleinement : là, au moins, personne ne peut attribuer mes performances à un tiers ou au hasard. Je me démène aussi pour faire oublier que je suis une fille. Certes, je n'ai pas la puissance ni la force d'un homme, mais je compense par un mental et une volonté de fer. Après la fermeture du petit centre équestre de mon enfance, je continue à monter à cheval dans un autre club, beaucoup plus éloigné et donc plus contraignant pour mes parents qui doivent m'emmener et venir me rechercher, mais comme toujours, même dans le froid et sous la pluie ou la neige, je suis là. Pour nettoyer un box, panser un cheval ou lui faire les sabots, je suis là aussi. Peu commun chez une fille de mon âge et de mon gabarit…

Ces parenthèses sportives me ressourcent psychologiquement et me permettent de m'épanouir pleinement physiquement. Elles me gardent d'aplomb, et c'est sans doute à partir de cette époque que j'intègre consciemment ou inconsciemment l'activité physique comme mon remède universel et ma plus grande force face aux épreuves.

Une étudiante déterminée et énergique

Ma période estudiantine n'est pas vraiment un long fleuve tranquille… Je dirais même que je fais beaucoup de virages, sans toutefois jamais dévier de mon objectif final : devenir traductrice. J'y parviens effectivement, et cela influe fortement sur mon itinéraire.

En effet, juste après avoir obtenu mon bac, j'ai la possibilité d'intégrer une école spécialisée à Angers. Génial ! Je vais faire ce que je veux et, dans le même temps, me débarrasser enfin de cet environnement social où je me sens si mal. Mes parents respectent totalement mon choix et m'aident au maximum pour m'installer. J'ai de bons résultats, mais je me suis surestimée : psychologiquement, je ne tiens pas le choc. Je ne vois ma famille pratiquement qu'aux vacances ; c'est trop peu. Elle me manque terriblement.

Par ailleurs, j'ai dû arrêter l'équitation, faute d'une structure proche où je pourrais pratiquer, et je me retrouve dans un environnement urbain. Dès que j'en ai la possibilité, je m'échappe au Lac de Maine, mais souvent, c'est juste le week-end et ne compense absolument pas les grands espaces champêtres, forestiers et montagneux auxquels j'étais habituée.

Pour essayer de m'intégrer dans cette ville où je ne connais personne et d'avoir une véritable activité sportive, je tente le basket. La salle est près de chez moi, et l'inscription, peu onéreuse. Cependant, là aussi, c'est un fiasco total ! La discipline est sympa, mais j'ai besoin d'être en extérieur, et l'ambiance ne me plaît pas du tout. Beaucoup de pratiquants se connaissent déjà, et après la plupart des entraînements, nombreux sont ceux qui se retrouvent dans un bar pour prendre un verre ou dîner. Je suis trop réservée et pas assez sûre de moi pour me faire une place, mais surtout, je fuis ce genre de soirée où je m'ennuie profondément et me sens toujours très mal à l'aise : j'ai constamment l'impression de faire de la figuration et d'être la pièce rapportée qu'on a emmenée par gentillesse ou par politesse, mais dont on se serait volontiers passé.

Je ne reste donc qu'un an à Angers. Grâce au système d'équivalence, mes bonnes notes aux examens me permettent d'entrer directement en deuxième année de licence à Strasbourg. J'y poursuis mes études de langues bien plus sereinement. Non seulement je retourne auprès de ma famille un week-end sur deux, mais j'habite à quelques centaines de mètres d'un parc. Très vite, j'intègre donc à mon emploi du temps quotidien une séance de jogging… voire deux, quand je sens que mon corps et mon esprit le réclament.

Courir dans la verdure – même si elle reste toute relative dans un parc urbain ! – me permet à la fois de libérer mon trop-plein d'énergie, de faire baisser la pression des études, de ressourcer mon cerveau et d'être donc encore plus efficace dans mon apprentissage, mes révisions et mes examens.

À bien y regarder, rien de vraiment nouveau par rapport à ce qui me caractérisait déjà quinze ans plus tôt : une personnalité hyperactive, toujours soucieuse de donner le maximum.

Ce n'est pas non plus une période où je tente de nouer des liens amicaux : étudier, courir et faire de longues marches, avec la perspective de retrouver le cocon familial et la pleine nature un week-end sur deux me suffit amplement. Pour qui veut lire entre les lignes, ma dérive vers la bigorexie se poursuit inexorablement, l'activité physique prenant de plus en plus le pas sur le lien social.

Après deux ans à Strasbourg et l'obtention de ma licence, direction... Paris ! Là encore, ce choix est guidé par mon objectif professionnel, puisque j'intègre l'ESIT (École Supérieure d'Interprètes et de Traducteurs). Une fois de plus, mes parents me soutiennent pleinement dans cette décision et m'aident à emménager.

Pour mon studio, je bénéficie d'une chance inouïe, qui m'évite une erreur monumentale. En effet, ma première idée était de trouver une chambre à Paris même, pas trop loin de l'ESIT. Cependant, la cousine de mon père qui habite un appartement sur les bords de Marne, en proche banlieue, nous en dissuade et déniche un studio juste à côté du bois de Vincennes, à deux pas de la Marne et tout près d'une station de RER.

Je suis à peine à 15 minutes du cœur de la capitale. Pourtant, j'ai l'impression de vivre à mille lieues de l'agitation urbaine, dans un environnement où la nature a largement sa place et, avec elle, la pratique sportive. Inutile de vous dire que je prends rapidement mes marques, d'autant qu'avec une situation pareille, mon vélo fait partie du déménagement : en quelques coups de pédales, je suis sur des sentiers au milieu des arbres ou sur les parcours tranquilles des bords de la Marne, loin de toute circulation automobile.

Preuve en est de la situation géographique idéale de ce studio : plus de 30 ans après, je réside toujours dans le même immeuble ; j'ai simplement changé deux fois de bâtiment pour gagner en superficie et en confort quand mes revenus me l'ont permis ! Comme vous le constaterez dans la suite de mon témoignage, ce lieu d'habitation providentiel aura une profonde influence sur bon nombre de mes choix d'existence et sur ma vie en général. Bien sûr, il favorisera aussi indéniablement ma bigorexie.

Dès mon entrée à l'ESIT et tout au long de l'année suivante à l'Université de Jussieu, où je passe un DESS de traduction, je m'arrange toujours pour caser chaque jour au moins une heure de sport, avant ou après les cours, quitte à aller courir à 6 h du matin… et à avoir de réelles difficultés de concentration quand les cours finissent à 20 h ! Ces jours-là, sitôt que la sonnerie libératrice retentit, je n'ai qu'une hâte : rejoindre la station de RER pour rentrer chez moi au plus vite, dîner et dormir !

Le DESS s'effectue en alternance : une semaine de cours suivie d'une semaine en entreprise. J'ai la chance d'intégrer le service de traduction de l'AFNOR (Association française de normalisation), alors située à La Défense. Le RER m'y mène en une trentaine de minutes, ce qui me dégage un temps précieux pour faire du sport, d'autant qu'à l'AFNOR, notre temps de présence est contrôlé par pointeuse : les plages horaires de travail sont donc assez souples, et j'en profite immédiatement pour arriver dès l'ouverture des locaux… mais quitter avant la fin d'après-midi.

Comme un fait exprès, cette année-là est celle des grandes grèves contre le plan Juppé. N'ayant pas de voiture et n'envisageant pas une seconde de rater un cours ni de ne pas effectuer mes heures de stage, c'est en vélo que je fais chaque jour le trajet aller-retour, soit jusqu'à l'Université de Jussieu, soit jusqu'à l'AFNOR.

Les semaines où je suis en stage, je pars aux aurores pour tenter d'échapper un peu à la circulation automobile. À cette époque, il n'y a pas de pistes cyclables, les voitures nous frôlent, les conducteurs sont de plus en plus agressifs au fur et à mesure que la grève dure, et comme les routes deviennent très vite embouteillées, il faut se faufiler entre les véhicules tout en se méfiant des motards. Nous sommes en octobre, il commence à faire froid, et quelques semaines plus tard, les températures dégringolent vraiment, sans compter les précipitations qui n'ont assurément pas le charme des douces pluies d'été ! Les trajets sont donc dangereux et éprouvants, surtout ceux du retour de la Défense, quand il faut quitter le bureau chauffé et sec pour remettre les affaires encore humides du matin, et retraverser toute la capitale en redoublant de vigilance, malgré la fatigue de la journée.

Quand arrive décembre, je sens que ma motivation commence à baisser, et la fatigue, surtout nerveuse, à s'accumuler, mais ma détermination reste intacte : ce n'est pas une grève qui m'empêchera d'avoir mon diplôme, et je ne me laisserai pas impressionner par quelques kilomètres en vélo, les températures négatives ni même les premiers flocons !

Lors de cet automne 1995, mon comportement n'est pas à proprement parler guidé par mon addiction au sport : il résulte principalement de ma conscience professionnelle (ou estudiantine !) indéfectible et de mon tempérament qui me pousse à ne jamais renoncer tant que je suis convaincue du bienfondé de l'objectif. Cependant, je pense que ces semaines joueront un rôle certain dans ma bigorexie, notamment en accentuant ma ténacité, en renforçant ma résistance physique et en me montrant que je peux trouver des ressources insoupçonnées. Point non négligeable, j'acquiers aussi alors beaucoup plus d'aisance en vélo, ce qui renforce mon affection pour la petite reine.

Reste un autre pan de ma vie estudiantine qui jouera un rôle majeur dans ma bigorexie. En effet, j'ai l'immense chance que mes parents financent toutes mes études et me versent en plus une somme mensuelle qui, si je la gère convenablement – une évidence, vu mon caractère ! –, suffit pour payer mon loyer et ma nourriture. Je mesure totalement combien c'est un privilège, car bon nombre d'autres étudiants doivent faire du baby-sitting tous les week-ends ou travailler le soir dans un fast-food pour subvenir à leurs besoins. J'en suis excessivement reconnaissante à mes parents (aujourd'hui encore), et c'est pourquoi, dès mes 18 ans, je mets un point d'honneur à travailler tous les étés. Je me serais sentie totalement indigne de profiter tranquillement de leur gentillesse et leur générosité comme si c'était un dû envers leur fille.

Cependant, je dois avouer que, malgré mes bonnes résolutions, je commence très mal ! En l'occurrence, mon premier job est un échec retentissant : engagée comme jeune fille au pair par des parents richissimes sur la Côte d'Azur pour m'occuper de leur fils et lui apprendre l'allemand, je me rends très vite compte que cela va devenir un véritable enfer.

Rien ne me convient. L'enfant est du genre difficile, et mon aversion pour ma féminité se confirme : je n'ai absolument pas la fibre maternelle ! Cependant, je souffre aussi du manque d'activité physique et d'une terrible impression d'enfermement : nous ne quittons jamais la villa sur les hauteurs de Nice, je ne peux pas emmener le garçon se promener à pied ou vélo, car ses parents craignent qu'il ne lui arrive quelque chose, et je dois rester à l'intérieur de la maison avec lui quand il fait sa sieste quotidienne. Cerise sur le gâteau : j'ai devant moi une piscine grand luxe, mais ne peux en profiter que lors des baignades de l'enfant. Autrement dit, je barbote sans pratiquement pouvoir jamais nager réellement et libérer ainsi au moins un peu de cette énergie refoulée qui m'étouffe de plus en plus.

En fait, je prends constamment sur moi. Conséquence inéluctable : je finis par imploser, littéralement, à tel point que mes employeurs décident de faire venir le médecin. Celui-ci confirme que je suis totalement à bout nerveusement et moralement. Il me reste une semaine à tenir (car il n'y a pas d'autre terme, tant chaque minute me paraît une éternité), mais d'un commun accord avec les parents, j'arrête là ma mission et je rentre chez moi. J'ai parfaitement compris la leçon : même avec la meilleure volonté du monde, j'ai besoin de me dépenser et d'espace !

L'été suivant, souhaitant par ailleurs améliorer encore mon niveau d'allemand, je change donc radicalement mon fusil d'épaule et m'engage pour travailler dans les vignes en Bavière ! Pas de méprise, toutefois : même si je suis avide d'activité physique, je n'ai pas la carrure de Rambo – 55 kg toute mouillée pas plus, pour à peine 1,64 m ! – et n'ai pas la prétention de participer aux vendanges. Là, il s'agit de préparer les vignes en amont, tailler, tuteurer, etc.

Le travail est éprouvant, mais il me plaît, d'autant que l'ambiance est vraiment sympa. Certes, les débuts sont difficiles : la petite Française les intrigue, et je crois que beaucoup pensent me voir abandonner très vite. Seulement, comme eux, j'assure chacune de mes heures, même sous la pluie battante ou le soleil de plomb. Par ailleurs, je suis tout à fait capable de tenir une conversation. Certes, ce n'est pas toujours sans mal, car le bavarois n'est pas vraiment l'allemand que l'on apprend au lycée (!), mais peu importe : nous en rions ensemble à mes dépens. Ainsi, je finis par gagner le respect de tous ; je suis comblée !

Enfin presque, car il m'en faut toujours plus... Rapidement, j'assure donc en plus tantôt le service, tantôt la mise en place à l'hôtel-restaurant où je loge. Je reste dans la même logique : progresser encore en allemand et bouger, me dépenser. Concernant les jobs d'été, cette expérience restera ma préférée et sans doute la plus révélatrice de ma personnalité : besoin absolu d'activité physique, opiniâtreté, mais aussi volonté farouche d'être reconnue et respectée pour mes capacités et d'échapper à cette enveloppe corporelle féminine dans laquelle je dois vivre. Me montrer aussi que je ne suis pas « complètement nulle », même si, au final, j'en reviens toujours à penser que je ne vaux rien... ou pas grand-chose.

Une fois installée en région parisienne, c'est à l'hôtel-restaurant à côté de chez moi que je me fais embaucher comme serveuse pour l'été. Là aussi, un choix calculé et caractéristique de ma logique de fonctionnement de sport-addict, puisque l'établissement n'a passé aucune offre d'emploi. Cependant, je veux absolument travailler en juillet et en août.

Idéalement, il me faudrait un job qui ne m'oblige pas à prendre les transports en commun (synonyme pour moi de perte de temps, d'inactivité et d'enfermement) et où je ne sois pas assise derrière un bureau, une caisse ou un guichet des heures durant. Pourquoi ne pas demander, à tout hasard, à l'hôtel-restaurant à côté de chez moi ? Dans ce secteur, ils ont toujours besoin de plus en main d'œuvre en période estivale !

Je mets ma timidité, mon manque de confiance en moi et mes complexes de côté, et je vais proposer mes services. Bingo ! Même pas besoin de poursuivre les recherches : le patron est d'accord ! Coup de chance inouï, et je ne mesure même pas encore à quel point. Car certes, j'ai atteint mon objectif de décrocher un emploi saisonnier, mais mes horaires de travail me permettent de faire un maximum de vélo. En l'occurrence, je roule en tout début de matinée… et me précipite pour enfourcher de nouveau ma monture sitôt le service du midi terminé. Cerise sur le gâteau, je gagne une somme plus que rondelette grâce aux pourboires et suis de nouveau embauchée pour l'été suivant !

Est-il besoin de souligner explicitement que tous ces emplois saisonniers témoignent de manière éclatante combien mon addiction est déjà bien ancrée ? À l'entrée dans l'âge adulte, je deviens assurément une proie toute désignée.

Une adulte discrète, mais investie

À l'issue de mon DESS, j'ai la chance de voir mon stage à l'AFNOR déboucher sur un CDD de trois mois au même poste et avec la même souplesse d'horaires : non seulement je fais un travail que j'adore avec des personnes aussi gentilles que compétentes, mais en plus, la précieuse pointeuse et le RER direct depuis chez moi me permettent d'avoir des plages horaires conséquentes et quotidiennes pour faire du sport. Un vrai luxe pour une salariée parisienne ! Malheureusement, mon contrat ne peut pas être renouvelé.

J'enchaîne alors sur deux autres CDD de trois mois dans le service traduction d'une entreprise américaine que je préfère ne pas nommer, tant elle m'évoque de mauvais souvenirs. Le travail lui-même me déplaît fortement, car nous ne sommes ni plus ni moins que des assistants de logiciels de traduction. Par ailleurs, les six bureaux du service sont aménagés en open space, ce qui m'oblige à supporter les bavardages et les conversations téléphoniques privées fréquentes de mes cinq collègues féminines. Enfin, pour couronner le tout, les horaires de travail sont fixes, et mes temps de transport, nettement plus longs. En plus d'être totalement démotivante, mon activité professionnelle m'impose donc davantage de stress, alors que parallèlement, les créneaux pour faire du sport, seul moyen réellement efficace de me défouler physiquement et psychologiquement, se réduisent à peau de chagrin.

À cette époque, le marché de l'emploi n'est pas du tout sclérosé : quand la DRH me propose un CDI, je refuse donc sans hésiter, y compris quand elle renchérit avec une augmentation de salaire. Il est hors de question pour moi de m'enfermer dans un poste à ce point dévastateur, tant intellectuellement que psychologiquement. Je suis sérieuse et responsable, dotée d'une grande conscience professionnelle : je dois être capable de travailler chez moi, à mon compte. J'aurai alors la maîtrise de mon emploi du temps et pourrai faire du sport tous les jours, mais serai aussi dans un environnement de travail calme et convivial, sans élément perturbateur pour me déconcentrer. En deux mots comme en mille : les conditions optimales pour donner le meilleur de moi-même professionnellement.

Hypermotivée, je commence mes recherches, et très vite, je décroche mon premier contrat de traduction pour une maison d'édition. Bien d'autres suivront, et au fil du temps, j'élargirai à la fois mes activités et ma palette de clients, mais toujours en freelance. J'ai trouvé ma voie, et vingt ans plus tard, je ne l'ai toujours pas quittée !

C'est sans doute là que j'ai irrémédiablement basculé dans la bigorexie. Certes, je ne sais pas de quoi l'avenir sera fait, et qualifier déjà la situation d'« irrémédiable » à mon âge peut sembler péremptoire, mais je me fais peu d'illusions. Au fil de toutes ces années, j'ai trouvé mon rythme de croisière. La cadence en est particulièrement élevée, je le reconnais, comme je sais que je devrais la réduire, a fortiori en vieillissant. Seulement, j'ai l'impression que mon équilibre est à ce prix, et je vous mentirais en vous disant que je souffre de cette situation. Je suis tout à fait consciente qu'elle a quelque chose d'anormal et, osons le mot, de pathologique, mais j'y trouve largement mon compte.

Seulement, soyons bien d'accord : ces réflexions et sensations n'engagent que moi, et moi seule. Si vous êtes sport-addict et vous reconnaissez en partie dans mon témoignage, vous ne devez absolument pas en conclure que vous êtes condamné à l'être toute votre vie, a fortiori si vous avez la volonté de vous en sortir. Ce livre présente un schéma bigorexique bien spécifique, le mien, mais chaque sport-addict a le sien et des ressources personnelles différentes.

Je ne le répéterai jamais assez : si j'ai finalement accepté de me lancer dans l'écriture de ce livre témoignage, c'est uniquement dans un but instructif et dans l'espoir de permettre à tous ceux d'entre vous qui se sentent désemparés face à un proche bigorexique de comprendre ce que vit celui-ci et pourquoi il se retrouve emprisonné dans ce système d'addiction. En étant mieux informés, vous pourrez mieux l'aider. Avant tout, soyez indulgent avec votre mari, votre fille ou votre cousin s'il ou elle est sport-addict. Même si nous sommes responsables de notre vie, on ne choisit pas de devenir bigorexique : la dépendance s'installe progressivement et insidieusement, en profitant de la moindre de nos faiblesses.

Revenons d'ailleurs à mon cas personnel et ma vie d'adulte, et voyons justement comment le sport en est devenu l'architecte dès le départ.

Habitant aux portes de Paris, je pourrais en profiter pour occuper une partie de mon temps libre en allant au musée ou au cinéma. Je pourrais… surtout que cela ne m'empêcherait pas de continuer à faire du vélo, mais « évidemment bien sûr », ce genre de programme ne m'attire pas vraiment…

En revanche, les rollers commencent à être en vogue, et je m'y essaie sans hésiter. Cela me plaît bien, car c'est un sport d'endurance et d'extérieur, à la fois physique et ludique. Tout ce que j'aime ! Seulement, les endroits où je peux rouler sont très limités. Par ailleurs, même si je progresse un peu au fil des semaines, la crainte de la chute ne me quitte pas, et je ne peux pas aller très loin, sauf à allonger nettement mon temps de pratique, or j'ai une activité professionnelle : une séance de rollers pour me détendre, parfait, mais pas question de la substituer à deux heures de traduction ou d'écriture et de rendre mon travail en retard !

Finalement, j'abandonne peu à peu les rollers pour ne plus pratiquer que le vélo, et semaine après semaine, l'addiction se renforce. Le processus s'effectue tout naturellement, encouragé autant par des facteurs extérieurs que mon propre comportement. En effet, je roule tous les jours – forcément ! –, quelle que soit la météo, et toujours le matin. Très vite, je prends l'habitude d'aller sur le même circuit, réservé aux cyclistes, où il n'y a que deux autres filles. L'une est déjà partie à l'heure où j'arrive, et je ne ferai sa connaissance que bien plus tard ; l'autre est du genre teigneuse, m'as-tu-vu et très bruyante : impossible d'ignorer sa présence ! Je la fuis, mais n'essaie pas de m'intégrer à la gente masculine pour autant. Je roule seule, peu importe. L'important est de pédaler !

Seulement, le circuit est plein de fidèles, d'aficionados, et à force de me voir là quotidiennement, y compris sous la pluie et dans le froid, certains finissent par m'aborder prudemment : de conversations en conversations, je noue ainsi de solides amitiés, qui en amènent d'autres. Je roule aussi de plus en plus vite, jusqu'à avoir largement ma place dans les pelotons, y compris en tête. Dernier point, et non des moindres, je n'ai pas le caractère insupportable de ma collègue, ne suis ni une femmelette, ni une pimbêche, et accepte volontiers que l'on me taquine.

À part quelques inévitables goujats et machos, je gagne donc le respect et l'affection de beaucoup. C'est le bonheur ! Alors que je n'ai quasiment aucune vie sociale et pas la moindre confiance en moi, me voilà soudain entourée de gens qui m'apprécient pour ce que je suis, et grâce à mes performances même relatives, je me dis qu'au moins en vélo, je ne suis pas trop mauvaise. Quand je rentre chez moi, je suis détendue et pleine d'énergie pour travailler.

Aujourd'hui encore, ce schéma reste intact. Ces séances sur le circuit m'apportent à la fois le contact humain, la liberté, l'effort physique, la possibilité de repousser mes limites – ou du moins de voir que finalement, elles n'étaient pas si basses que je le pensais – et la détente : des parenthèses indispensables pour être au maximum de mes capacités intellectuelles.

Cependant, je ne roule pas qu'à cet endroit. Faire des ronds ne va qu'un temps ! Pour autant, contrairement à bon nombre de mes amis, je ne pars pas pour de longues virées sur les routes de Seine-et-Marne ou autres : la nécessité d'être sur mes gardes en permanence à cause de la circulation automobile me gâcherait tout mon plaisir. Je me contente de rouler sur les bords de Marne et les sentiers forestiers, où je laisse mon esprit vagabonder au gré des paysages, des odeurs et des chants d'oiseaux. Je profite aussi du côté ludique du VTT : rien de tel que d'enchaîner, à vive allure, bosses, trous, racines ou virages serrés qui se révèlent in extremis pour passer un super moment, sentir l'adrénaline monter et savourer l'effort accompli !

Et j'ose à peine évoquer la joie enfantine immense que l'on éprouve en se retrouvant « crotté jusqu'aux oreilles » après une séance dans les chemins boueux ! (Les vététistes passionnés comprendront…) Enfin… jusqu'à un certain âge. Les années passant, le regard des promeneurs endimanchés que je croise lors de mon trajet retour sur des bords de Marne me rend de plus en plus honteuse, et je ne supporte plus de voir mon vélo dans un pareil état. Je continue donc de pratiquer le VTT, mais plus « proprement », et cela n'altère en rien le sentiment de vie exceptionnel que j'éprouve lors de mes séances : pendant ces heures-là, je me sens pleinement exister.

Cependant, ces aspects ne sont pas les seuls à contribuer à ma bigorexie. Rouler de plus en plus multiplie évidemment les risques de crevaison. À un ou deux kilomètres de chez moi, cela reste sans conséquence : je rentre à pied ou emmène le vélo chez le réparateur. En revanche, à plusieurs dizaines de kilomètres de mon domicile, a fortiori en rase campagne ou au cœur de la forêt, loin de toute station de train ou RER, cela devient plus que problématique. J'apprends donc à changer une chambre à air. Rien de sorcier, certes, mais je suis quand même contente de moi de savoir le faire quand tellement de gens en sont incapables, y compris des hommes ! Cela me permet aussi d'économiser quelques euros à chaque fois et de ne plus dépendre de personne lors de ce genre d'incidents.

Bien sûr, l'augmentation du nombre de kilomètres quotidiens accélère également l'usure générale du vélo. Le réparateur me voit donc régulièrement, parfois pour une broutille – car même si mettre les mains dans le cambouis ne me gêne pas, je ne suis pas mécano… –, mais le plus souvent pour les interventions classiques, du type changement de chaîne. Au fil des années, je deviens la cliente la plus fidèle – et la plus lucrative – de mes vélocistes successifs. Je ne me vante jamais et me garde bien d'avouer le nombre d'heures passées sur ma monture, mais les réparateurs comprennent vite que je « ne fais pas semblant » : l'usure et l'encrassement des pièces mécaniques suffisent à prouver que je roule beaucoup et pas uniquement quand il fait beau et sec !

Conséquence : les vélocistes me respectent, eux aussi, sont admiratifs (alors que je ne vois rien d'exceptionnel dans ma pratique) et, j'avoue, me chouchoutent. Même si j'ai bien conscience de l'intérêt financier que je représente, je me sens, malgré tout, appréciée pour ce que je suis et ce que j'accomplis : psychologiquement, c'est inestimable. Et c'est en m'apportant tellement mentalement et physiquement que le vélo me piège de plus en plus dans la bigorexie, mais ce piège me semble tellement confortable !

Quand je découvre l'aviron, je suis donc une proie déjà solidement ferrée, et cette fois, je n'aurai plus aucune chance de m'échapper. Ce sport me tente depuis mon arrivée dans le Val de Marne.

Chaque week-end, j'admire les rameurs depuis la berge et passe devant de nombreux clubs, mais je n'ose pas franchir le pas : je suis convaincue que je n'ai pas les capacités de pratiquer, et la perspective de me retrouver au milieu de tous ces inconnus m'effraie. Arrive alors mon anniversaire, et mes parents m'offrent un chèque du montant de l'adhésion annuelle. Certes, ils ne m'obligent à rien et ne m'en voudraient pas si j'employais cet argent à autre chose, mais j'ai à cœur de respecter leur souhait. Je m'arme donc de courage, et malgré toutes mes appréhensions, je m'inscris dans le club près de chez moi.

Je ne le sais pas encore, mais ce jour-là, j'accomplis l'un des actes majeurs de ma vie, car depuis, une grande partie de mon existence s'articule autour de l'aviron, et pour cause ! Ce sport totalement fabuleux m'apporte absolument tout ce dont je peux rêver.

Glisser sur l'eau dans un cadre naturel magnifique et calme me procure un profond sentiment de plénitude, l'impression de ne faire qu'un avec mon bateau et la nature. En plus de m'apaiser et me ressourcer, cela me permet de faire le vide : toutes mes préoccupations du moment et tous mes complexes restent au ponton.

Cette déconnexion du quotidien est renforcée par le fait que l'aviron est très exigeant techniquement. Si l'on n'est pas concentré sur son mouvement et appliqué à le faire correctement, le bateau ne glisse pas et n'a aucun équilibre. Résultat : pas la moindre sensation agréable ni le moindre plaisir, avec de surcroît un risque non négligeable de blessures musculaires ou tendineuses. Par ailleurs, en bateau collectif, ramer sans veiller à se synchroniser avec les autres nuit aussi à la glisse et pénalise l'ensemble de l'équipage. Dans le sport comme dans tout, j'ai constamment à cœur de bien faire, de ne déranger personne et de progresser – or en aviron, on peut toujours s'améliorer, même au bout de 30 ans ! – : une fois sur l'eau, je me concentre donc sur mon geste et oublie tout le reste.

Néanmoins, sur le plan psychologique, ce sport m'est extrêmement bénéfique à bien d'autres égards. En effet, il oblige à se maîtriser, contrôler la vitesse d'exécution de son mouvement et se relâcher ; sinon, le geste n'est pas fluide, la glisse est réduite, et des douleurs comme le mal de dos apparaissent. Rien de tout cela n'est évident au début, et dominer sa peur quand on est balloté comme un fétu de paille par les vagues d'une péniche ou que le vent repousse les rames n'est pas non plus forcément facile... Néanmoins, j'ai appris à gérer toutes ces angoisses, car paniquer serait ma meilleure chance de finir à la baille !

Je pourrais aussi citer le passage des brevets : quand je me suis présentée pour celui d'or, j'ai commencé par dire à la coach que « de toute façon, je ne l'aurais pas. » Pas très porteur... Me connaissant bien, elle m'a répondu exactement ce qu'il fallait : « On rentre tout de suite, alors. » Oh que non ! D'accord, je n'ai pas confiance en moi, mais baisser les bras sans avoir essayé : jamais ! Seulement, pour obtenir ce précieux brevet, j'ai dû me maîtriser et mettre ces appréhensions de côté, sans quoi j'aurais échoué, faute d'être assez relâchée.

Parvenir à ne pas me laisser submerger – au propre comme au figuré… – me donne confiance en moi au moins le temps de la séance, m'apporte une petite autosatisfaction, sentiment que je ne ressens sinon quasiment jamais, et m'aide à aborder plus sereinement les situations que je redoute hors du contexte sportif.

Avec ses exigences, l'aviron m'amène donc à repousser mes limites psychologiques : grâce à lui, je me découvre des ressources insoupçonnées, y compris physiquement. D'une part, parce qu'une fois sur l'eau, il faut assurer du début à la fin : impossible d'abandonner ou de se reposer longuement comme on peut le faire pendant une partie de tennis ou une sortie en vélo. D'autre part, parce que lorsque j'intègre un bateau collectif, j'exclus totalement d'obliger mes coéquipiers à réduire leurs envies, leurs exigences ou leurs objectifs à cause de moi.

Bien sûr, lorsqu'il m'arrive de participer à une course – rarement, car je ne pratique pas le sport dans cet esprit –, l'adrénaline me pousse aussi dans mes derniers retranchements. Quel bonheur, alors, à l'arrivée, de me dire que je n'ai pas flanché ! Car ma volonté de fer ne suffit pas : l'aviron est un sport très complet et physique, qui sollicite 95 % des muscles, exactement comme l'haltérophilie. Heureusement, j'ai de l'énergie à revendre, et il la canalise à merveille !

Dans cette dépense physique intense et mon obstination à donner le meilleur de moi-même et ne jamais renoncer, je réussis aussi à mettre de côté la femme que je ne veux pas être. L'aviron a très longtemps été réservé aux hommes, et mon club est encore très masculin quand je commence. Un nombre incalculable de fois, et quasi systématiquement quand la météo est mauvaise, je suis la seule rameuse, mais je m'en moque. Malgré mon petit gabarit qui finit par me valoir le surnom affectif de « crevette » – c'est dire comme je ne fais pas le poids à côté des garçons ! –, je suis endurante, dynamique et coriace, et avec le temps, j'acquiers un niveau technique plus qu'honorable.

Très vite, je m'ennuie dans les bateaux féminins et rame exclusivement avec des hommes : là, l'effort est maximal, et il n'y a pas de place pour le bavardage ni les jérémiades. Je m'éclate ! Et quand un équipage masculin me choisit au lieu d'un rameur, je dois avouer que je suis flattée… et comblée ! Après, bien sûr, le doute m'envahit, car en cas d'erreur ou de défaillance, je pénaliserai tout l'équipage et leur ferai regretter leur choix. Mais comme je l'ai dit, l'aviron est un sport qui enseigne la maîtrise de soi, alors effectivement, je m'applique à ne pas laisser mes craintes me gâcher le plaisir : je dois me faire confiance. Quel défi pour quelqu'un d'aussi peu sûre d'elle !

Au final, cette discipline ne muscle pas que mes jambes et mes bras : elle me consolide psychologiquement et me rend plus forte face aux épreuves de la vie, en m'aidant à mieux les appréhender et à ne pas me laisser submerger par l'angoisse ou la difficulté. Comment, dans ce cas, ne pas devenir accro à l'aviron, qui m'apporte, par ailleurs, un plaisir pur et intense ?

Et si ce n'était que cela… Mais il reste un troisième aspect ô combien fondamental que je n'ai pas encore abordé : l'humain. Je n'exagérerai pas en disant que l'aviron est comme ma deuxième famille. J'y ai découvert des gens extraordinaires et noué des amitiés extrêmement fortes et durables, sincères et fidèles. Et au-delà des aspects formidables, inhérents à tous les sports d'équipe, je ne saurais vous décrire le sentiment de quasi béatitude que l'on ressent quand les huit membres d'un bateau rament en parfaite harmonie… Des moments uniques et tellement forts que je les revis 100 fois en pensée avant de redescendre de mon petit nuage. Exactement comme un musicien lors d'un concert réussi, j'imagine, ou lorsque vous voyez la joie et l'étonnement d'un proche pour lequel vous avez organisé une fête d'anniversaire surprise.

Socialement, l'aviron m'aide aussi à me donner une image de moi plus positive en dehors de ce milieu, car il force l'admiration et inspire le respect. Tout le monde le trouve très esthétique et le perçoit comme un sport très difficile, aussi bien techniquement que physiquement. Rien à voir avec le cyclisme, par exemple, tellement banal et praticable par tout-un-chacun ! Même si je ne me sens pas du tout exceptionnelle de faire de l'aviron, être estimée parce que je le pratique est toujours agréable.

Clairement, ce sport et tout ce qui l'entoure est absolument vital pour moi, et m'en retrouver privée serait un cataclysme. Néanmoins, l'aviron est un sport de passionnés, et par chance, la plupart des pratiquants ne sont pas sport-addicts. Alors, pourquoi moi ? Et pourquoi continuer de faire énormément de vélo en parallèle ?

Mon cheminement depuis l'enfance et ma personnalité pleine de failles permettent en grande partie de décrypter mon évolution vers la bigorexie, mais était-elle vraiment inévitable ? J'y ai forcément ma part de responsabilité, une certaine lâcheté, sans doute, et des erreurs d'orientation commises plus ou moins consciemment. Pourquoi suis-je, aujourd'hui encore, totalement dépendante ? Comment le sport peut-il rester aussi addictif et continuer de gouverner ma vie à ce point ? C'est ce que nous allons voir dans la suite de ce livre.

Bigorexie mon amie

En vous racontant mon histoire, j'ai évoqué une grande partie de ce que m'a apporté le sport au fil des années et des épreuves, et pourquoi il m'en a fallu toujours plus, au point de basculer finalement doucement et irrémédiablement d'une pratique purement passionnelle à une pratique résolument addictive. Dans ce nouveau volet, je vais revenir en détail sur tout ce que la bigorexie m'apporte, tant dans ma vie en général que psychologiquement et physiquement. Plein de gens pratiquent une activité sportive saine : pourquoi dois-je, moi, la pousser à l'excès, bien qu'étant parfaitement consciente des risques et des dommages que cela engendre ?

« La vie, c'est comme une boîte de chocolats : on ne sait jamais sur quoi on va tomber », dit Forrest Gump. Avec le sport non plus : chaque séance est une nouvelle promesse d'émotions, de sensations, de défoulement, de mieux-être. Alors chaque jour, je poursuis inlassablement et irrépressiblement cette quête sans fin.

Ivre de vie

« Me sentir en vie » : voilà peut-être ce qui me pousse le plus à accumuler les heures de sport dans des conditions même difficiles... et surtout difficiles. Certes, lire un roman passionnant, confortablement installée avec un thé bien chaud en entendant la pluie tomber ou en sachant qu'il fait à peine quelques degrés dehors est très sympa. Mais rien de plus. En revanche, quand je lutte pour ne pas me laisser envahir par le froid sur mon vélo ou dans mon skiff (bateau solo en aviron), que je dois appuyer de toutes mes forces sur les pédales pour avancer face au vent ou rester concentrée sur ma technique de rame lorsque des trombes d'eau s'abattent sur notre bateau et que nous sommes trempés de la tête aux pieds, ceux-ci baignant dans l'eau accumulée au fond de la coque, je me sens pleinement exister.

Cela peut paraître dément si je vous dis que lors de certaines sorties hivernales en aviron, des stalactites de glace se forment sur les portants métalliques et qu'au retour, nous ne parvenons pas à dévisser les systèmes qui maintiennent les rames en place, tant ils sont emprisonnés par le gel. Pourtant, passées les minutes de l'embarquement et des premières centaines de mètres, le corps se réchauffe, et pratiquer l'une de mes activités favorites dans un décor majestueux, tout blanchi par le givre, avec un équipage sympa, m'envahit d'un bonheur extraordinaire. C'est comme si la vie coulait en moi, un ressenti d'autant plus viscéral qu'il existe aussi une part de risque : la moindre défaillance physique ou matérielle peut avoir des conséquences dramatiques, car en cas de chavirage, le corps se retrouve en hypothermie en quelques minutes.

Humainement, de telles séances sont aussi des moments de partage très forts, qui laissent ensuite des souvenirs impérissables. Alors, le referais-je si c'était à refaire ? Évidemment ! En allant rouler ou ramer y compris quand les conditions météo sont particulièrement difficiles, c'est assurément d'abord pour atteindre cet état exceptionnel où je me sens vivante à 2 000 %.

J'adore me forcer à aller puiser dans toutes mes ressources physiques et mentales pour atteindre mes ultimes limites et les repousser sans cesse. C'est réellement addictif. J'ai besoin de mon shoote d'effort et ne rate pas une opportunité de tenter de me surpasser. Par exemple, en janvier 2020, j'ai participé à une course d'aviron de 25 km (plus de 2 heures de rame non-stop, donc) où j'étais à la nage du bateau, c'est-à-dire la rameuse qui est devant et impose le rythme au reste de l'équipage. Garder la même cadence soutenue en permanence et accélérer dans les dernières centaines de mètres, malgré la fatigue qui s'accumulait au fur et à mesure, ce fut dur, certes, mais tellement bon au final !

Je pourrais multiplier les exemples à l'infini, tant ma quête de vie dans mes séances de sport est omniprésente, que ce soit dans l'effort pur ou face aux éléments hostiles. Ces moments difficiles qui vont parfois jusqu'à la souffrance, je les avale goulument, telle une boulimique qui continue de manger, même si elle sait qu'elle va obligatoirement vomir : cela fait partie du « jeu ».

L'addiction devient encore plus malsaine quand le facteur risque entre en jeu. L'adrénaline est une véritable drogue, et même s'il est nettement plus agréable de ramer en skiff sur une Marne tranquille, il est évident que les jours où je croise plusieurs péniches de suite et perds alors pratiquement toute maîtrise du bateau à cause des remous, avec le risque d'aller me fracasser contre la berge ou, pire, contre la péniche, je me sens plus fragile et pourtant plus vivante que jamais.

Ces situations sont aussi des moments où enfin, j'ai une bonne estime de moi. Une « défonce » salutaire, en quelque sorte... D'autant que ces heures de transpiration, de serrage de dents et de hargne pour ne pas lâcher m'ont forgé un mental incroyable, qui m'aide dans toutes les situations difficiles de la vie quotidienne. Je ne me laisse jamais abattre : « Tomber sept fois, se relever huit », a écrit Philippe Labro. Exactement. Survivre à chaque épreuve. Aller chercher cette sensation profonde de vie dans chacune de mes séances de sport est ma manière à moi d'exister.

Mon indéfectible bouée de sauvetage

Ma bigorexie ne me permet pas seulement de me sentir vivante : c'est grâce à elle que je le suis encore. Certes, comme toute addiction, elle me détruit à petit feu, mais même si ma pratique excessive du vélo et de l'aviron finira par entraîner ma perte, sans elle, je ne serais plus là pour écrire ce témoignage.

En août 2005, j'ai été renversée par un automobiliste plus concentré sur les prostituées que sur la route : je ne sais pas s'il a satisfait sa libido, mais avec sa voiture sans permis, il m'a fracturé le bassin. Trois semaines plus tard, mon père que j'adorais est décédé, emporté par un cancer en moins d'un an, et un mois après, un incendie a intégralement détruit mon club d'aviron et tous les bateaux qu'il contenait, dont le mien. J'avais perdu tous mes repères.

Moi qui refuse férocement de prendre le moindre médicament, sauf cas vraiment exceptionnel, je ne sais pas pourquoi, mais j'ai cédé au médecin et pris un quart d'anxiolytique. Je m'en veux encore. Une heure après, ce fut comme si j'avais perdu tout contrôle sur mes pensées et que mes jambes ne me portaient plus. L'horreur absolue. Donc antidépresseurs ou anxiolytiques : plus jamais ! Hors de question que le chimique prenne le pas sur mon cerveau !

Cette année-là, sans le sport, j'aurais peut-être commis l'irréparable. J'avais la volonté farouche de m'en sortir, pour mon père qui aimait tellement la vie, et pour ma mère et ma sœur, auxquelles je ne voulais pas imposer une deuxième perte, mais j'ai vraiment dû me battre comme jamais. Par chance, ma bigorexie a décuplé ma motivation à me rétablir pendant ma rééducation pour retrouver ma mobilité, mon autonomie, ma liberté, la nature et la vraie fatigue physique de l'effort, au lieu de celle – insupportable – de l'usure psychologique, engendrée par mon handicap. Parallèlement, il a été décidé que mon club d'aviron serait reconstruit : s'il pouvait renaître de ses cendres, alors moi aussi ! Je ramerais de nouveau, et j'achèterais un nouveau bateau !

Je n'en suis pas devenue un roc inébranlable pour autant, et je n'échappe pas aux baisses de moral, de temps en temps, ni aux moments de vraie déprime. Au moins une fois, je pense avoir été à un cheveu de la dépression.

Toujours ravagée par la disparition de mon père et privée de l'environnement si bénéfique de mon club d'aviron pas encore reconstruit, j'ai dû déménager et décidé alors d'acheter un appartement. Devenir propriétaire n'avait jamais été mon rêve, mais cela devenait plus raisonnable d'avoir un toit bien à moi que de rester locataire, d'autant que ma situation financière était favorable. Des démarches administratives aux travaux de rénovation en passant par le déménagement, j'ai tout géré seule, assurant en parallèle mon activité professionnelle. Au final, je n'avais plus un sou de côté, un emprunt sur le dos et pas de garantie à long terme de contrats de traduction ou d'écriture. Il m'en a fallu, des heures de vélo en pleine nature et avec les amis pour ne pas flancher, mais une fois de plus, le sport m'a boostée et permis de trouver des ressources incroyables. Revers de la médaille, bien sûr : j'y suis devenue encore plus addict…

Ainsi, quand je ne me sens pas très bien ou apathique, sans réelle envie pour quoi que ce soit, jamais je n'appelle un(e) ami(e), car j'ai toujours peur de déranger les gens, et chacun a bien assez de ses propres soucis pour ne pas en plus devoir m'aider à gérer les miens. Je monte sur mon vélo, même sans motivation, et au retour, je repars au quart de tour, telle une Formule 1 dont on viendrait de refaire le plein ! Non seulement je suis contente d'avoir réussi à me ressaisir, mais en plus, je me suis dépensée, j'ai profité du grand air et de la nature, voire des amis pour bavarder ou piquer quelques sprints et faire monter l'adrénaline.

Quand je me sens très anxieuse, complètement désemparée, incapable d'affronter un événement ou une épreuve à venir, ou sur le point d'imploser ou de faire « une grosse bêtise », je vais rouler comme d'autres se précipitent vers leur armoire à pharmacie pour avaler un anxiolytique. Au fil des coups de pédales, je décompresse et prends du recul (même si j'avance !), me raisonne, relativise et, souvent, trouve des solutions. Au retour, j'aborde donc les choses avec plus de calme, de lucidité et d'intelligence, car agir dans la précipitation ou la panique n'est jamais bon. Jamais un cachet chimique ne m'apporterait autant.

C'est aussi grâce à la bigorexie et au fait d'accumuler de plus en plus d'heures de sport dans toutes les conditions que j'ai pu supporter la douleur lors de mes trois accidents graves. Et je ne parle pas d'avoir un peu mal là ou là. Non non ! Je parle de la douleur maximale sur l'échelle de 1 à 10, la douleur ininterrompue pendant des heures, la douleur quotidienne pendant des mois, la douleur qui empêche de s'endormir, la douleur qui réveille la nuit, la douleur obsédante qui rend complètement fou – ceux qui ont déjà eu une vraie sciatique de deux semaines me comprendront. Si je n'avais pas été accro au vélo et à l'aviron au point de ne jamais renoncer à une seule séance, je ne me serais jamais endurcie assez pour supporter pareille souffrance. Mais à force d'heures où les muscles brûlent à cause de l'effort intense, où les mains doivent continuer à serrer les rames alors que la peau est à vif à cause des ampoules, où la contracture s'installe au fur et à mesure de la montée d'un col, j'ai repoussé mes limites face à la douleur.

Alors clairement, si le sport qui était au départ juste une passion m'a permis de rester en vie en devenant peu à peu une véritable addiction, j'accepte le prix à payer et les effets pervers de la bigorexie.

Mon joint psychologique

Outre ses aspects antidépresseur et antistress déjà abordés il y a quelques minutes, le sport possède un côté très euphorisant, en procurant une joie totalement pure, gratuite et terriblement intense. Même sans être compétitrice dans l'âme, donner absolument tout ce que j'ai et aller chercher ma moindre parcelle d'énergie lors d'une course pour grapiller quelques secondes apporte des sensations absolument incroyables : vraiment pas besoin d'un rail de cocaïne pour planer, surtout quand on décroche la victoire !

Et ce n'est pas du tout comme un soufflé qui retomberait sitôt la ligne d'arrivée franchie : bien au contraire, ce sentiment d'exultation dure encore bien longtemps après, car on reparle de la course avec les coéquipiers ou les autres concurrents, on revoit ce moment où l'on a failli flancher et celui où l'adversaire a définitivement perdu sa place. On se repasse le film dix fois, vingt fois, et à chacune d'elles, on ressent au plus profond de soi les mêmes sensations que lors de la compétition, comme si le corps lui-même avait tout mémorisé. Qu'il s'agisse de vélo ou d'aviron, quand je donne mon maximum même lors d'une sortie classique, je me sens vraiment transportée.

Pour autant, nul besoin de me « défoncer » – pas plus avec l'effort qu'avec du hash ! – pour atteindre une vraie joie libératrice. Parfois, il me suffit de me faire surprendre en VTT par une racine, une flaque, une branche très basse ou un étroit sentier bordé d'orties. Et en aviron, les occasions sont fréquentes. Par exemple, quand je rame en bateau collectif et que les vagues d'une péniche lèchent la coque avant de terminer sur nous, le(s) rameur(s) qui reçoi(ven)t la vague se retrouve(nt) parfois trempé(s) jusqu'à la poitrine en un dixième de seconde, tandis que les autres restent secs. De quoi mettre de l'ambiance, surtout en plein hiver…

Cette combinaison entre la surprise, voire la peur, et la franche rigolade qui s'ensuit devient vite addictive : le sport pour l'activité physique, oui, mais aussi pour y trouver ce sel qui donne tant de goût à ma vie. Pédaler ou ramer encore et encore pour multiplier mes chances de vivre ces instants en suspens où j'oublie tous mes soucis et préoccupations.

Mais pas seulement. Le sport me débarrasse aussi de la plupart de mes entraves psychologiques : plus je le pratique, plus j'augmente mes chances d'échapper temporairement à mon manque de confiance en moi et à d'autres aspects de ma personnalité qui me pourrissent la vie au quotidien, comme mon problème vis-à-vis de ma féminité. Je suis de ces personnes qui s'effacent toujours et s'arrangent en permanence pour rester dans l'ombre. Il y a ceux qui se vantent beaucoup, mais agissent peu ; j'agis beaucoup, mais on m'entend peu, et on me voit encore moins, sauf en sport, où je suis toujours sur les rangs !

C'est ainsi que j'y ai gagné le respect des autres, en général, et des hommes, en particulier, car aussi hostile que soit la météo, du moment qu'il n'y a pas de risque rédhibitoire qui interdit toute sortie sur l'eau, comme un brouillard à couper au couteau ou des vents violents, je ne rate aucune séance. Au fil des années, j'ai donc renforcé mon endurance et ma résistance, et acquis un bon niveau technique, qui m'a rapidement donné une place dans les équipages masculins. Pendant les heures passées en bateau ou sur le vélo, je crois enfin un peu en moi et peux même ressentir une certaine fierté, parce que les faits ne mentent pas : que ce soit le chrono lors d'une course, les 25 km accomplis en skiff pour obtenir mon brevet d'endurance ou le passage compliqué que j'ai franchi en VTT sans mettre pied à terre, c'est bien moi qui ai fait cela !

En sport, j'oublie mes défauts et le fait d'être une femme : enfin je m'exprime librement, jusqu'à flirter avec mes limites réelles et à dépasser celles que je supposais avoir. Alors je ne cesse d'en redemander, encore et toujours. Chaque matin, avec mon VTT et ses 5 ou 6 kg supplémentaires, ainsi que l'adhérence accrue des gros pneus crantés sur le bitume, je rejoins mes amis en vélo de course et maintiens des cadences auxquelles bien d'autres ont déjà abandonné. En plus d'une véritable autosatisfaction, j'y ai vraiment gagné le respect de la plupart des hommes.

Il en va de même en aviron où, malgré mon gabarit ultra light, ma technique et ma souplesse me confèrent un rapport poids/puissance bien meilleur que celui d'un rameur très costaud, qui ramerait tout en force et entraverait ainsi la glisse du bateau. Étant de surcroît résistante, véloce et souple, j'embarque donc très souvent dans les équipages masculins : ce moment où ils me choisissent et me font confiance est comme si je décrochais le jackpot ! Bonheur décuplé ensuite, parce qu'évidemment, la sortie s'avère extrêmement sportive et physique. Elle m'oblige aussi à ne pas céder au stress de me sentir le maillon faible du bateau : même si je suis notamment moins puissante, je ne dois pas laisser mes complexes m'envahir, sans quoi je ramerai crispée et forcément moins bien. Dur travail sur moi-même pour me raisonner, mais que je réussis, et peu à peu, j'ai même transposé cette faculté salvatrice hors du domaine sportif. Jamais je n'y serais parvenue en restant à une pratique occasionnelle de l'aviron !

Néanmoins, il n'y a pas que dans l'aspect sport collectif que cette discipline m'apporte autant psychologiquement. Même en skiff, il m'arrive de ne pas me sentir « complètement nulle » – à en croire mon entourage, je me qualifie très souvent par ces mots. En effet, grâce au rapport poids/puissance que j'évoquais à l'instant, si je me retrouve sur l'eau pour plusieurs kilomètres en même temps qu'un skiffeur costaud, mais moins bon techniquement, j'ai toutes les chances d'avancer plus vite que lui, d'autant que la distance ne me fait pas peur. Exceptionnellement, je me fais confiance et je sais que je tiendrai : reste à trouver mon rythme et à le garder, sans me laisser perturber si mon adversaire gagne un peu de terrain. Pas de problème : j'ai appris à me maîtriser, et en cadence, je suis un vrai métronome.

Et si le rameur ne m'a toujours pas rattrapée au bout d'une longue distance, je bénéficie d'un avantage psychologique que je savoure délicieusement… et même avec une certaine moquerie : l'orgueil masculin. En effet, beaucoup de rameurs costauds supportent mal de ne pas doubler une rameuse de mon gabarit en quelques minutes. D'abord vexés de n'avoir pas fait de moi qu'une bouchée, puis de plus en plus énervés d'être toujours distancés après plusieurs kilomètres, ils rament de plus en plus en force, de moins en moins technique et de plus en plus vite : le cocktail parfait pour réduire la glisse du bateau et se fatiguer beaucoup plus rapidement ! Assurément, je me délecte de voir l'autre skiffeur perdre sa patience et ses moyens, d'autant que cela ne m'empêche pas de garder mon rythme, imperturbable, et donc ma glisse.

Jamais dans ma vie extra sportive je ne vis de moments aussi gratifiants et enthousiasmants, où je suis réellement contente de moi. Et c'est là où la pratique de l'aviron dépasse le stade de la simple passion. Car autant à vélo, hormis le VTT, les seules inconnues sont de savoir si je vais trouver des ami(e)s pour papoter et être en forme pour rouler vite, autant en aviron, une multitude d'éléments interviennent pour aboutir ou non à une séance dont je sois satisfaite.

D'abord, en arrivant au club, je ne sais pratiquement jamais à l'avance si je vais ramer seule ou en bateau collectif. Dans ce second cas, l'équipage se décide presque toujours sur place en fonction des présents et des affinités. Ensuite, restent toutes les inconnues de la sortie elle-même : la Marne sera-t-elle calme ou agitée ? L'équipage trouvera-t-il cette symbiose si précieuse en aviron ? Rien ne garantit que la sortie soit réussie même s'il n'y que de bons rameurs à bord : parfois, l'alchimie ne se fait pas. Un même équipage peut aussi bien faire une sortie de rêve le samedi, mais totalement nulle le dimanche. Si je suis si impatiente de me rendre à mon club à chaque session et si désireuse de n'en rater aucune, c'est autant pour le plaisir de ramer que pour ne pas manquer une chance de savourer une Marne de rêve, d'être embarquée par un équipage masculin, ou autre. Certains jouent compulsivement au poker en espérant que la prochaine mise sera la bonne : j'accumule les séances d'aviron parce que j'aspire au scénario idéal à chacune d'elles.

En se développant ainsi, année après année, ma bigorexie ne m'aide pas seulement à avoir confiance en moi et à supporter et trouver valorisant le regard des autres a minima dans le cadre sportif – du moins en partie, car j'ai quand même connu de gros ratés, notamment lors de ma première (et dernière !) course en skiff, où je n'ai absolument pas réussi à passer outre mon sentiment d'infériorité et où j'ai perdu tous mes moyens et franchement mal ramé en sentant les regards des spectateurs sur moi – : elle me permet aussi de me fixer des limites salvatrices et de ne pas « me faire bouffer » complètement. Car j'ai un gros défaut : je ne sais pas dire non. Demandez-moi un service, et même si cela m'ennuie ou si je trouve que vous abusez, je le ferai. Sauf dans un cas : si ma séance de sport doit en pâtir. À partir du moment où cela m'obligerait à raccourcir ou supprimer une sortie en vélo ou en aviron, par exemple, je suis capable de refuser.

Par exemple, je n'ai jamais voulu passer les diplômes d'initiateur et d'éducateur en aviron, de façon à ne pas être sollicitée pour encadrer des séances. Assurer des heures et des heures de bénévolat administratif est déjà excessivement lourd à gérer, mais cela n'empiète jamais sur mes sorties en bateau : si j'étais apte à encadrer, je serais incapable de dire ce simple petit « non » quand on me solliciterait, et adieu mes séances de rame adorées !

Je suis aussi convaincue que mon addiction m'a évité le burn-out en 2016, parce que ma pratique sportive si précieuse pour décompresser et être performante professionnellement était sans cesse perturbée par une demande liée à mon activité bénévole. Perversité indéniable, donc, puisque la bigorexie qui est censée me détruire à petit feu est la seule qui m'évite de sacrifier totalement ma vie aux autres en me permettant de m'affirmer sans hésiter une seconde ni éprouver la moindre culpabilité. Et puisque j'abordais le sujet du bénévolat, le sport m'a aussi servi bien des fois de défouloir pour avaler les couleuvres qui ne manquent pas quand on s'investit comme je l'ai fait. Là encore une manière de m'enfermer encore plus dans une pratique intensive...

Bien dans mon corps

Comme tout bigorexique, je veille à mon image corporelle, et mon objectif est simple : gommer tout ce qui soulignerait le côté féminin et garder une silhouette musclée et fine (à mi-chemin entre Popeye et Olive !). Rien ne me fait plus plaisir qu'entendre un cycliste me dire que je suis « très affûtée », un rameur me taquiner sur le fait que je ne sois « que du muscle », ou un piéton me prendre pour un homme sur mon vélo. Pour cela, pas de secret : j'accumule les heures de sport pour à la fois augmenter ma masse musculaire et éviter la prise de poids. Et plus je vois que cela fonctionne, plus je m'installe dans la bigorexie. Dès que j'ai l'impression d'avoir fait un excès alimentaire, je me sens très mal dans ma peau et m'imagine tel un amas flasque de cellulite et de graisse. Évidemment, il faut donc que je fasse au plus vite une séance de sport !

Au fil du temps, je suis ainsi devenue terriblement endurante, tant à l'effort qu'à la douleur. Plus je pratique, plus le corps s'habitue, et plus il peut donner, aussi bien en volume qu'en intensité. Il s'adapte aussi pour apprivoiser ce qui fait mal au départ. Par exemple, celui qui fait un peu de vélo trouve immanquablement que cela fait mal aux fesses, et n'importe quel débutant en aviron souffre de nombreuses ampoules aux mains. Certaines personnes en resteront là, des sportifs raisonnables s'habitueront, mais moi, je pratique encore et encore, jusqu'à ce que ce genre de désagrément disparaisse. J'ai toujours été persévérante, et cela nourrit assurément ma bigorexie.

L'aviron comme le vélo me permettent aussi de rester souple et dynamique. Le VTT, tout particulièrement, me donne une grande dextérité et travaille énormément les réflexes et la capacité d'anticipation. Il faut savoir réagir instantanément quand un obstacle se présente : l'esprit doit tirer la sonnette d'alarme en un millième de seconde, et le corps, réaliser aussitôt le mouvement qui s'impose en conséquence. Je détesterais blesser un écureuil qui traverse juste devant moi, par exemple, or ces acrobates ont le don de faire demi-tour à la vitesse grand V, alors que tout laissait penser qu'ils filaient tout droit de l'autre côté du chemin.

Le VTT apprend aussi à négocier très rapidement les variations de terrain, comme le passage d'une zone sableuse, un chemin plein d'ornières ou un raidillon juste après un virage serré qui empêche toute prise d'élan. Il implique également de monter et descendre des trottoirs, or avec une fourche télescopique, celle-ci « s'enfonce » un peu au moment où l'on se penche sur le guidon pour soulever l'avant du vélo en vue de monter sur le trottoir. Il faut donc anticiper les centimètres que regagnera la fourche quand la roue quittera le sol et sera libérée de votre poids ; sinon, la roue cogne ou se bloque carrément contre l'angle du trottoir, et soit vous encaissez un choc violent dans les avant-bras, soit vous faites un soleil et finissez par voir des étoiles…

Outre mon agilité, cela travaille aussi mon mental, car en arrivant sur l'obstacle, je dois me convaincre que je vais réussir à le passer ; sinon, je ne mettrai pas la puissance nécessaire pour le franchir. Mais évidemment, il m'arrive de renoncer purement et simplement par peur de l'échec et de la chute qui s'ensuivrait. Seulement, j'ai alors le besoin irrépressible de me confronter de nouveau à cet obstacle et de multiplier les séances pour gagner encore en agilité et en confiance en moi, et repousser assez mes limites pour franchir ce tronc ou autre qui m'effrayait tant. Cerise sur le gâteau : j'en retire enfin un peu d'autosatisfaction.

Mais pas seulement. L'aisance ainsi acquise me donne souvent l'impression d'être en symbiose parfaite avec mon VTT, comme si nous ne faisions qu'un. Je ressens alors une immense joie m'envahir, aussi forte que si je m'injectais un produit euphorisant : je me retrouve dans une sorte d'état de grâce si délicieux que, même après une séance musclée sur le bitume le matin avec les amis, je remonte sur mon VTT l'après-midi pour taquiner les sentiers et « planer » de nouveau.

Le vélo et l'aviron travaillent aussi énormément mon sens de l'équilibre, le second ayant l'avantage supplémentaire de renforcer mes ceintures abdominale et lombaire. Deux aspects qui deviennent d'autant plus importants avec l'âge, or j'entends bien vieillir en bonne santé et pouvoir rester active longtemps !

Aujourd'hui, il me paraît tout naturel de rouler sans tenir le guidon ou d'enlever ma veste et la nouer autour de ma taille sans m'arrêter, mais il m'en a fallu, des séances, pour y parvenir ! En aviron, l'équilibre n'est vraiment pas évident à trouver, mais quand la coque est parfaitement à plat et que les rames n'effleurent même pas l'eau pendant toute la phase entre deux poussées dans l'eau – a fortiori en bateau collectif où la synchronisation parfaite vient s'ajouter à l'équilibre –, cela devient carrément « jouissif ». Un argument de plus pour ne rater aucune séance, profiter de la moindre opportunité pour aller chercher cet équilibre et refaire un kilomètre de plus pour ne pas rester sur une mauvaise impression !

Mon cœur aussi, profite de ma bigorexie, car avec toutes ces heures de sports d'endurance, il bat à un rythme très régulier. Même lors d'une course où il faut tout donner, sa fréquence monte de façon tout à fait raisonnable et retrouve la normale très vite, une fois l'effort terminé. Rien à voir avec ceux qui finissent hors d'haleine et rouges comme une tomate restée trop longtemps au soleil ! Une bonne raison de plus pour continuer de pratiquer le vélo ou l'aviron tous les jours : sait-on jamais si je ne me mettrais pas sinon soudain à passer mes après-midi à manger des chips devant la télé !

Même si cela paraît moins évident, j'ai aussi besoin de pratiquer plusieurs heures de marche, aviron ou vélo chaque jour pour reposer mes yeux, car je travaille beaucoup sur écran. Ces longs moments quotidiens en plein air où mon regard se perd dans l'horizon, sans rien fixer de spécial, sont absolument essentiels pour éviter la fatigue oculaire et les yeux qui piquent. Ils m'ont terriblement manqué pendant les confinements de 2020.

Pour terminer ce volet consacré aux bienfaits physiques qui entretiennent mon addiction, je voudrais évoquer les troubles psychosomatiques, car étant d'une nature à tout intérioriser, j'en ai énormément souffert après le décès de mon père, où tous les mots non dits se sont transformés en maux bien exprimés. Mon corps a réagi à mon profond mal-être psychologique par toutes sortes de manifestations physiques, dont le médecin n'a jamais pu établir de cause « concrète ». Ma principale arme pour m'en sortir a alors été d'enchaîner les heures de sport jusqu'à la démesure, de pédaler ou courir encore et encore pour expulser tout ce qui m'étouffait : une immense tristesse, un sentiment d'injustice effroyable et une colère terrible face à la maladie qui avait fauché un être exceptionnel d'à peine 61 ans, qui menait une vie saine.

Aujourd'hui, ces troubles ont presque totalement disparu. Exactement l'inverse de ma bigorexie, qui semble réclamée par mon corps tout entier. Car outre l'ensemble des aspects physiques que je viens d'évoquer, j'ai de l'énergie à revendre, et le sport est le seul capable de la canaliser. Pire qu'un lion en cage qui serait libéré sitôt la porte ouverte, je suis plutôt du genre cocotte-minute : si l'activité physique constitue la soupape qui m'évite d'exploser, il me faut encore un certain temps et pas mal de coups de pédales ou de rames après l'avoir enlevée et retiré le couvercle pour que toute la vapeur bouillante s'échappe et que l'ensemble refroidisse.

Autrement dit, quand ce n'est pas la tête qui me fait monter sur le vélo ou dans le bateau, c'est le corps lui-même qui réclame sa dose de sport, et forcément, je cède… sans qu'il ait besoin d'insister !

Une absinthe de premier choix pour mon activité professionnelle

Si certains bigorexiques finissent par perdre leur emploi à cause de leur addiction, je suis exactement dans la relation inverse. Jamais mon activité professionnelle n'a pâti de ma pratique même abusive du sport, bien au contraire : celle-ci ne fait que lui profiter, et sans mes heures de vélo, d'aviron ou de marche, je serais moins performante dans mon travail. Bien sûr, cela tient en grande partie au fait que ce dernier soit intellectuel, car si je peux pédaler des heures durant, je suis incapable de maintenir une activité cérébrale intense et efficace avec une concentration maximale 5 ou 6 heures d'affilée. En filant sur les routes, les sentiers ou la Marne quelque temps, je régénère mes neurones.

Pourtant, mon esprit continue de cogiter une bonne partie de mes séances, et c'est presque toujours pendant ces moments-là que je trouve le mieux l'inspiration, car l'angoisse de la page blanche n'est pas une légende. Très souvent, pour organiser une table des matières, trouver la traduction précise d'un mot ou formuler une idée avec justesse, 30 minutes d'activité physique sont plus porteuses pour moi que deux heures devant l'ordinateur.

Outre me détendre physiquement et nerveusement et expulser une partie des tensions accumulées pendant le travail, le sport me permet aussi de prendre du recul et d'éviter de me laisser submerger par l'angoisse. Quand les contrats se multiplient ou que les dates d'échéance se rapprochent, j'ai absolument besoin d'une séance de vélo ou d'aviron au grand air et au calme pour parvenir à me raisonner et me convaincre que j'arriverai à remplir mes obligations professionnelles. En près de 25 ans d'activité, je n'ai jamais rendu de travail en retard, et mes clients ont toujours été satisfaits de sa qualité ; pourtant, j'ai toujours aussi peu confiance en moi aujourd'hui que lors de la signature de mon premier contrat. C'est dire si je dois accumuler les heures de sport pour ne pas céder à mes craintes et mes doutes de n'être pas à la hauteur !

Au final, je me retrouve dans une situation particulièrement perverse, car plus mon travail est prenant intellectuellement, plus j'ai besoin de rouler ou ramer pour être performante. Par ailleurs, comme je n'envisage pas une seconde que mon addiction nuise à mon activité professionnelle, il n'est pas rare que j'intensifie une séance et accélère sensiblement la cadence quel que soit mon état de fatigue, afin de ne pas rentrer plus tard que prévu, ce qui réduirait d'autant mon temps de travail.

Il m'est même déjà arrivé plusieurs fois de faire plus d'une heure de jogging impromptue en cas de panne soudaine du RER : plutôt que risquer de perdre deux heures ou plus à attendre la reprise du trafic et arriver chez moi les nerfs complètement en pelote, je préfère faire confiance à mes jambes. N'étant pas féminine du tout, je ne risque pas d'être handicapée par une jupe ou des talons hauts, et une heure de sport de plus, cela ne se refuse jamais ! D'autant que même si je suis fatiguée, les hormones sauront me doper et me ramener à bon port.

Mon placebo social

À l'instar de la plupart des addictions, ma bigorexie m'empêche d'avoir une vraie vie sociale. Entre un week-end festif pour un anniversaire et un week-end d'aviron et de balade en forêt, mon choix est tout de suite fait ! Et je ne renoncerai pas davantage à une séance de VTT ou de bateau pour aller avec des amis au cinéma, à une exposition ou, a fortiori, au restaurant.

Je me sens toujours extrêmement mal à l'aise en société, tant je redoute de n'avoir rien à dire d'intéressant et d'être le boulet du déjeuner ou de la soirée. Par ailleurs, je crains la foule qui, pour moi, commence à trois personnes. Enfin, j'ai besoin de contrôler tout ce que je mange, car je détesterais prendre quelques grammes ou avaler un plat de composition inconnue ; ainsi, je fuis tous les produits transformés et tout ce qui est gras ou trop sucré. Donc si ma bigorexie accentue mon rejet des crêpes parties et autres, elle m'arrange aussi, indéniablement, puisqu'elle me donne un excellent prétexte pour échapper à quelque chose que, de toute façon, je déteste.

Néanmoins, dans la mesure où je travaille chez moi comme freelance, ma bigorexie m'apporte un minimum de lien social. Certes, il est un peu biaisé, car il se limite au cadre exclusif du sport, mais aussi communautaire soit-il, il m'évite l'isolement.

Sur mon vélo ou en bateau, je ne crains pas d'être « l'empotée de service » : nous sommes là pour rouler ou ramer, pas briller en société. Dans ces deux environnements, je me suis fait de nombreux amis, car en plus de ne pas avoir d'ego, j'accepte volontiers la plaisanterie et ai de la répartie. Au fil des conversations qui accompagnent les kilomètres parcourus, j'ai fini par bien connaître la majorité des cyclistes avec lesquels je pratique quasi quotidiennement et avoir de vraies affinités avec certains – d'ailleurs, derrière leur apparence de « gros durs » ou de « vrais mecs », beaucoup se montrent finalement très attentionnés. Et comme rien n'oblige des cyclistes à pédaler avec moi ni des rameurs à me choisir pour compléter leur équipage s'ils n'en ont pas envie, cela me conforte dans le fait qu'ils m'apprécient vraiment : seulement, il est vrai que je les côtoie presque exclusivement dans le cadre sportif et que, donc, pour partager des moments sympas avec eux, je dois rouler ou ramer…

Grâce à l'aviron, j'ai aussi noué des liens qui dépassent la simple amitié. Lors de mon dernier accident, notamment, et au fil de mes dix-sept ans de pratique et de bénévolat, j'ai découvert des rameurs et rameuses absolument exceptionnels, des monstres de gentillesse, de serviabilité et d'attention. Des liens indéfectibles nous unissent désormais. Certes, je n'en suis pas pour autant disposée à partager un moment autour d'une bonne table ou partir avec eux pour une escapade touristique, mais je ne le cache pas, et ils respectent mes réticences. Cela n'entame en rien la profonde affection qui nous unit, et ils savent qu'ils peuvent compter sur moi comme je peux compter sur eux.

Si tant est que l'on puisse parler de points positifs pour une addiction, la bigorexie a au moins l'avantage, contrairement à l'alcoolisme ou la boulimie, par exemple, de ne pas isoler complètement. Encore une fois, je sais qu'elle me met dans une situation faussée en me donnant une impression de vie sociale, alors que tou(te)s les ami(e)s avec lesquel(le)s je me sens bien et passe beaucoup de temps sont ceux/celles avec qui je fais du sport. Mais l'amitié qui m'unit à beaucoup n'en est pas moins d'une solidité inébranlable, et je ne saurais m'en passer aujourd'hui.

Libre comme l'air

Si une grande partie de ma bigorexie se traduit par une addiction au vélo, cela n'a rien d'étonnant, car ce sport est celui qui m'offre le plus de liberté et d'autonomie. D'ailleurs, après mon troisième accident – de vélo... –, j'avais bien tenté de trouver une autre activité physique, mais aucune ne cumulait tous les avantages du deux-roues.

D'une part, comme je n'ai pas de voiture, il constitue mon principal, voire unique moyen de locomotion pour bon nombre de déplacements. N'ayant pas peur des kilomètres, il me permet d'aller où je veux, quand je veux, sans avoir d'horaires de RER à respecter, ni de trajets de bus à rallonge avec deux ou trois correspondances à effectuer.

D'autre part, avec le vélo, je suis seul maître à bord : c'est moi qui décide du moment, de la durée et de l'endroit. Idéal pour mon activité freelance, puisque si j'en ai envie, je peux sans problème rouler de 14 h à 16 h et travailler en compensation de 21 h à 23 h, par exemple. Seulement, cette liberté a un effet particulièrement pervers, car elle me conduit tout droit à la bigorexie. Une baisse de moral, un gros coup de stress, des neurones en surchauffe, et hop, j'enfourche mon vélo ! Et s'il faut rouler trois heures pour me sentir de nouveau bien, cela ne me fait pas peur. De toute façon, la plupart du temps, je ne rentre pas tant que je n'ai pas senti ce déclic où « ça y est, j'ai ma dose. » Exactement comme un alcoolique qui boirait verre après verre (ou bouteille après bouteille…), jusqu'à atteindre enfin l'ébriété.

Si je pratiquais seulement l'aviron, je serais soumise aux contraintes d'horaires des séances. L'addiction pourrait être forte, mais en aucun cas autant qu'avec le vélo. Celui-ci m'offre donc une liberté cher payée, en quelque sorte…

La nature en intraveineuse

Si je suis sport-addict, il serait encore plus juste de dire « outdoor sport-addict » ou « naturo-sport-addict », car j'ai autant besoin d'activité physique que de plein air, mais surtout de nature. Une marche en bord de rivière ou en forêt me fait du bien au mental, mais ne me défoule pas assez, tandis qu'à l'inverse, une séance de rameur en salle ou de vélo d'appartement me permet de transpirer à grosses gouttes, mais pas de décompresser ni de me ressourcer psychologiquement et moralement. Pareillement, marcher ou rouler plusieurs heures dans une ville si belle soit-elle me laisse une impression de manque, car je ne suis absolument pas sensible à l'architecture : sans nature, je ne suis que l'ombre de moi-même.

Beaucoup de gens aiment la nature, mais je suis largement au-delà : c'est un besoin viscéral. Dans le sport, je recherche au maximum à m'imprégner de la nature, me retrouver en symbiose totale avec elle : si je n'ai pas ce calme absolu pour m'apaiser, si je ne sens pas la caresse du vent ou le frémissement des feuilles me pénétrer par tous les pores, il me manque un bout de moi.

C'est peut-être lors des grosses pluies d'été que ce sentiment est le plus fort. Quand je roule plusieurs dizaines de minutes sous un véritable déluge et un ciel plombé, trempée jusqu'aux os et les pieds baignant dans l'eau des chaussures transformées en mini-bassines, et que soudain, le soleil et le ciel bleu reviennent, c'est comme si la nature entrait en moi et si je renaissais. En quelques instants, je suis intégralement submergée par un trop plein de sensations. Les gouttes d'eau qui scintillent, la chaleur qui émane de la terre souvent fumante, les odeurs capiteuses, les oiseaux qui se remettent à chanter, et tout cela souvent rien que pour moi, car la quasi-totalité des cyclistes et marcheurs ont fui dès les premières gouttes : l'ivresse existe même sans absorber d'alcool, et jamais je ne pourrais connaître cet état bien abritée sous un parapluie ou en regardant un arc-en-ciel depuis mon balcon.

En aviron aussi, je suis en quête de ces moments d'extase où la nature me donne l'impression de quitter le réel, comme un héroïnomane ou un cocaïnomane. Cela arrive en skiff, notamment, quand le vent agite la Marne et malmène mes rames, m'obligeant à redoubler d'efforts tant pour avancer que garder mon bateau à plat, et qu'il se calme brusquement. Soudain, tout devient silencieux, l'eau, parfaitement calme, et mon skiff glisse sans bruit, comme si la rivière m'offrait un instant de répit privilégié, dont je ne sais combien de temps il durera : je vis alors vraiment un rêve éveillé.

Et comment ne pas parler de mes séances de sport qui débutent avant le lever du jour ? Là aussi, j'y recherche évidemment leur composant nature. Rouler quand le ciel s'embrase ou que les nuages moutonneux rosissent au travers des arbres ou sur le bord de l'eau provoque en moi une émotion parfois si intense que j'ai l'impression d'étouffer de bonheur et de chance : certains ont besoin de prendre des drogues chimiques pour voir des éléphants bleus ; moi, je vais rouler ou courir aux aurores dans le bois de Vincennes ou en bord de Marne pour atteindre cet état quasi hallucinatoire et tellement euphorisant. Comme un addict aux jeux d'argent qui a besoin d'aller tous les jours au casino, même s'il doit s'endetter, mais qui, quand il gagne, éprouve une joie indescriptible qui lui donne envie de hurler.

Car ma « naturo-bigorexie » vient aussi de là : chaque jour, le lever de soleil et l'atmosphère matinales sont différents. Parfois, le ciel reste plombé ou la lumière pâlichonne, les chouettes demeurent silencieuses, et je n'ai pas la chance de surprendre deux petits yeux qui brillent dans la nuit en se retrouvant dans la lumière de ma frontale, par exemple. Je suis alors un peu comme une droguée qui aurait raté son shoote ou pris de la poudre de mauvaise qualité : vivement le lendemain que je retente ma chance pour avoir une injection naturelle cette fois de qualité supérieure !

Je ne saurais pas non plus me priver de toutes ces rencontres improbables que réserve la nature, comme des chevreuils, des renards, des tortues d'eau, des cannetons ou, dans un tout autre registre, des sangliers, des vipères ou des salamandres. J'ai d'ailleurs quelques souvenirs croustillants à cet égard, surtout en aviron. Imaginez-vous sur une rivière, assis seul dans un bateau pas plus large que votre bassin et qui tient en équilibre juste grâce à vos rames bien positionnées de chaque côté. Imaginez maintenant qu'un cygne mal luné décide d'attraper l'une des palettes avec son bec... J'ai aussi eu quelques frayeurs à cause de cormorans qui sortaient de l'eau à proximité de mon skiff sans les avoir vus ni entendus plonger auparavant, ou de cygnes peinant tellement à prendre leur envol que pendant un moment, il semble impossible qu'ils puissent gagner assez de hauteur pour passer au-dessus de vous. Comment pourrais-je vivre de moments aussi forts en m'enfermant dans une salle de fitness ou même en jouant au tennis sur un court extérieur ?

La nature fait partie intégrante de ma bigorexie, et elles s'entretiennent l'une, l'autre : j'ai un immense besoin autant de la première que du sport, comme un accro aux jeux vidéo en réseau qui n'aurait pas son compte en jouant seul ou en se contentant d'échanger des messages classiques avec les autres membres. L'activité physique au cœur d'un milieu naturel est vraiment pour moi une manière de pratiquer la Pleine Conscience.

Ma vie sous emprise

Imaginez que vous deviez arborer et fleurir les espaces verts autour de votre nouveau pavillon ou réaménager et meubler le salon de votre appartement. Imaginez aussi que dans le premier cas, vous vouliez absolument planter au moins un céanothe, et dans le second, mettre un canapé d'angle parme. Vous devrez forcément placer l'arbre dans un endroit ensoleillé et aéré, car il va vite prendre de l'ampleur, et disposer vos autres végétaux en fonction ; quant au canapé d'angle, vous le positionnerez obligatoirement dans un coin, puis le reste du mobilier en conséquence, et choisirez un papier peint en harmonie avec le parme. Évident, non ?

Il ne vous reste plus qu'à envisager le sport sous le même angle que ce céanothe ou ce canapé, et vous comprendrez précisément ce qu'il représente pour moi. En effet, qu'il s'agisse de ma vie privée, sociale ou professionnelle, il y a d'abord et avant tout mon activité physique. Tout ce que je planifie, décide, choisis, etc. s'organise autour du sport ; j'adapte tout ce qui peut l'être, et si certaines choses ne sont pas compatibles, je les supprime, purement et simplement : aussi évident que réserver l'espace ensoleillé du jardin au céanothe ou renoncer à m'offrir une étagère d'angle à cause du canapé !

Ensuite, le reste s'enchaîne au fil du temps presque naturellement, rendant un retour en arrière de plus en plus difficile. Vous n'allez pas déplacer votre céanothe profondément enraciné au bout de quelques années juste pour le plaisir, ni changer de canapé sans raison impérative !

Une addiction devenue diktat

J'ai déjà longuement évoqué pourquoi j'avais choisi de travailler comme freelance à mon domicile. Bien sûr, cela me permet d'échapper aux transports, ce qui, non seulement, me libère du temps pour faire du sport, mais m'évite également le stress des retards et de la promiscuité, et les contraintes horaires : j'organise chaque journée comme je l'entends. Tout aussi important, j'échappe à la vie de bureau, qui ne permet absolument pas de travailler de manière aussi concentrée et efficace que dans le silence de mon appartement. Que des avantages, donc ! Alors, pourquoi aurais-je envie de changer ?

Certes, je suis incapable d'accepter un poste de salarié qui m'empêcherait de faire du sport au quotidien et m'obligerait à rester enfermée entre quatre murs des heures durant, mais cela ne me prive pas pour autant. Je ne supporterais pas non plus d'être régulièrement dérangée en pleine relecture ou traduction, par exemple. Ayant travaillé six mois en open space, je sais de quoi je parle ! Exercer en freelance chez moi me convient à ce point que même en période de vaches maigres, je n'ai jamais envisagé de chercher un CDD ou un CDI.

Cela étant, ce refus tient aussi en grande partie au fait que mon travail me passionne : c'est une chance inouïe de nos jours, et je la mesure et savoure pleinement. C'est pourquoi, tant que cette activité me permettra de gagner ma vie, je ne veux surtout pas en changer. De toute façon, je n'aime ni le luxe ni les grands voyages, donc c'est parfait : pas besoin de gagner des fortunes ! (Et heureusement, car il faut vraiment s'appeler Amélie Nothomb ou Marc Levy pour vivre royalement de sa plume !)

Naturellement, ma bigorexie n'impacte pas que mes choix professionnels : très tôt, elle a aussi pris les rênes de ma vie personnelle. Outre l'aspect social et familial que je traiterai en détail un peu plus loin, elle m'a confortée dans mon désir de non-maternité. Je ne saurai jamais si celui-ci résulte de mon rapport à l'activité sportive ou de mes problèmes avec ma féminité, mais je n'ai jamais eu le sentiment d'avoir une quelconque fibre maternelle, et je suis totalement incapable de m'émerveiller devant un bébé. D'ailleurs, le jour où je suis allée voir ma petite sœur qui venait d'avoir son premier enfant – cette simple visite représentait déjà pour moi un gros effort ! –, elle m'a dit avec un grand sourire taquin : « Je ne te propose même pas de le prendre. » Heureusement, car si la plupart des femmes adorent tenir un nourrisson dans leurs bras, moi, pas du tout ! En plus, j'aurais peur de mal le tenir ou de faire une maladresse.

Est-il besoin de vous expliquer avec force détails combien l'idée d'une grossesse et tout ce qu'elle implique me fait horreur, et combien je suis hermétique à l'évocation de ce fameux plaisir de l'accouchement ? Pas vraiment, je crois... Encore une fois, je ne saurais dire si l'absolu non-désir d'enfant résulte vraiment de ma bigorexie, mais en tout cas, celle-ci contribue nettement à l'accentuer.

Et ses tentacules s'étendent même jusqu'aux aspects matériel et financier de ma vie, comme en témoigne cette petite anecdote des plus révélatrices. Ainsi, quand je suis partie en quête d'un nouvel appartement en 2006, évidemment le lieu géographique, la superficie et l'exposition de la pièce principale constituaient des critères primordiaux. Néanmoins, il était tout aussi essentiel pour moi d'avoir une cave pour loger mes vélos, de sorte que j'ai refusé de visiter tout logement qui n'en comportait pas. Pire, le jour où je suis devenue propriétaire, je n'ai pas commencé par faire installer une serrure cinq points à mon nouvel appartement : j'ai d'abord fait remplacer le simple cadenas de ma porte de cave par une vraie serrure sécurisée !

J'adore mes vélos et j'y tiens. Toutefois, même si mon activité physique est un poste prioritaire sur tout autre après mon alimentation et ma santé, je ne suis pas dans la logique du « quand on aime, on ne compte pas » : je reste raisonnable dans l'argent que je consacre au sport. Autrement dit, je ne vais pas craquer pour un magnifique vélo à 4 000 € si je me suis fixé un budget de 2 000 €, ni privilégier l'achat d'une nouvelle paire de chaussures de marche à une prestation dentaire onéreuse telle qu'une couronne. En revanche, si je dois choisir entre faire réparer mon VTT ou m'acheter une nouvelle housse de couette, aucune hésitation !

Toujours dans les limites du raisonnable, je ne lésine non plus jamais sur la qualité : à partir du moment où le sport est un élément vital, je me dois d'avoir du matériel à la hauteur. Par exemple, là où beaucoup trouveront que dépenser 40 € dans un pneu anti-crevaison est pure folie, cela me semble tout à fait normal si cela me permet de rouler 10 000 km en étant sûre de n'avoir jamais à remplacer une chambre à air au milieu de la forêt, sous la pluie ou en plein hiver, quand les doigts sont déjà engourdis par le froid ou le vélo maculé de boue. Le confort de pratique a un prix ! C'est d'ailleurs également pour cette raison que je possède plusieurs vélos. Ainsi, quand l'un est en réparation, je suis certaine de pouvoir rouler quand même. Cela peut sembler excessif, mais pratiquement tous mes amis cyclistes invétérés se comportent exactement comme moi.

Bien des gens sont choqués que l'on puisse dépenser 3 000 € pour un VTT neuf quand de grandes enseignes généralistes en commercialisent à 199 €. Cependant, s'il s'agissait du même rapport qualité/prix pour leur voiture ou un séjour au soleil, ils n'hésiteraient pas une seconde. Je n'ai pas de voiture et ne pars pratiquement jamais en vacances : deux autres bonnes raisons de ne pas me priver sur le sport ! D'ailleurs, pour la petite histoire, mon rêve n'a jamais été d'acquérir une super Ferrari ni de faire de grands voyages : je voulais juste m'offrir un skiff. Impossible, toutefois, d'en acheter un neuf, car il faut compter entre 8 000 € et 10 000 €.

Très vite, je suis donc partie en quête d'un skiff d'occasion en bon état et surtout petit porteur, vu mon gabarit poids plume. Une denrée plus que rare. J'ai reçu une seule offre après des mois de prospection, quelques semaines après avoir acheté mon appartement. Pas vraiment le moment idéal... et j'avais juste quelques heures pour me décider. Je savais qu'en cas de refus, il me faudrait peut-être attendre encore un an ou deux pour retrouver une telle opportunité. Donc j'ai accepté, sachant que cela m'obligerait ensuite à renoncer à tout superflu pendant des mois et à travailler d'arrache-pied.

Sachant aussi qu'à partir du moment où l'on n'a pas d'accident avec son bateau, il ne réclame quasiment aucun frais d'entretien, contrairement au vélo dont il faut régulièrement changer la chaîne, le dérailleur, les pneus, etc. Concrètement, mon skiff m'a coûté 3 500 € en 2008, et depuis, je n'ai pas engagé plus de 300 € de frais dessus. En revanche, dans le même laps de temps, j'ai changé plusieurs fois de vélo et dépense en moyenne 1 000 € par an pour le remplacement des pièces usées.

Pas une fois je n'ai regretté mon achat, mais jamais plus je n'ai de nouveau dépensé une telle somme pour aucun bien matériel, fusse-t-il de loisir ou utilitaire, ni pour un séjour de vacances. Sport-addict, mais qui tient les cordons de la bourse bien serrés, malgré tout !

Un quotidien planifié autour du sport

Pourriez-vous envisager de jeûner 24 heures ? Difficile, n'est-ce pas ? Même dans le cadre d'un séjour « bien-être » organisé autour de cette pratique. Eh bien, c'est exactement la situation dans laquelle je me trouve avec le sport. Impossible d'y renoncer ne serait-ce qu'une journée de mon propre chef, sauf à être cassée au sens propre, comme lors de mes accidents. Et quand j'en suis privée, parce que les circonstances ne le permettent vraiment pas – mais il faut quasiment m'enfermer à double tour pendant 24 heures et me ligoter pour que je ne trouve pas une manière ou une autre de pratiquer une quelconque activité physique ! –, j'ai bien du mal à rester zen, tant je sens une énergie bouillir en moi de façon de plus en plus obsédante au fur et à mesure que les heures passent.

Concrètement, j'ai mis en place une routine quotidienne, qui combine mes heures de sport et de travail globalement toujours à l'identique, exactement comme un salarié qui part chaque jour au bureau pratiquement à la même heure et quitte sa société en fin de journée, là aussi sensiblement vers la même heure, du lundi au vendredi. Le week-end, mon programme s'organise différemment, puisque je rame, mais tous mes samedis et dimanches s'articulent plus ou moins pareil, partagés entre le sport, le bénévolat et le travail.

Jusque-là, la bigorexie reste assez discrète : certes, mon activité physique est quotidienne, mais elle s'intègre naturellement au reste de la journée, comme l'un des trois repas, si l'on veut continuer l'analogie alimentaire. C'est quand se présente un événement étranger à ma routine, notamment un rendez-vous ou une visite, que mon addiction devient réellement patente. Aussitôt, mon cerveau se met à cogiter pour maintenir ma séance de sport quoi qu'il arrive. Pour l'expliquer, des exemples concrets seront beaucoup plus parlants que de longs discours.

Commençons par le plus classique : caler un rendez-vous chez le médecin, le dentiste ou la coiffeuse. Pas de problème particulier quand je peux le prendre seule via Internet – quelle magnifique invention que le système Doctolib ! – : je sélectionne un horaire qui me laisse assez de marge de manœuvre pour rouler ou ramer avant ou après. En revanche, les choses se corsent quand la prise de rendez-vous s'effectue par téléphone : là, si le créneau proposé ne me convient pas, je parviens difficilement à en demander un autre, et si celui-ci me gêne aussi, je n'ose carrément pas demander s'il y aurait une troisième possibilité tant j'ai peur d'ennuyer l'interlocutrice. Que de tracas pour un simple rendez-vous ! Et encore… je ne vous ai pas tout dit…

Dans la mesure où je pratique uniquement des sports d'extérieur, la météo m'importe forcément. Donc avant de prendre un rendez-vous dans les jours qui suivent, je consulte les prévisions, et si l'on me propose un horaire le jeudi matin alors que Météo France annonce l'arrivée d'une forte perturbation vers midi, par exemple, je refuse : pas question de m'enfermer juste la demi-journée où il fera encore sec et d'aller rouler sous la pluie soutenue l'après-midi ! L'addiction se niche vraiment jusque dans les détails…

Quand je dois prendre le train pour aller voir maman, par exemple, je cogite tout autant en choisissant les horaires. Départ pas trop tôt pour rouler avant, ou retour pas trop tard pour aller courir après.

Dans tous les cas, à partir du moment où un impératif horaire supplémentaire vient perturber ma routine quotidienne, je réorganise mon planning en fonction pour préserver ma séance de sport. Par exemple, si je veux rouler 2 heures et si mon rendez-vous est à 9 h ou mon train à 8 h, je devrai être rentrée une heure avant, donc partir au plus tard respectivement à 6 h ou 5 h… donc me lever encore un peu plus tôt. Pas de problème ! De toute façon, j'aurai tellement peur de ne pas entendre le réveil que je serai levée bien avant qu'il ne sonne pour ne pas rater 10 minutes de vélo.

Bien sûr, de même que je peux facilement écourter ma nuit au profit de mon activité physique, je peux sauter un repas si le seul créneau qu'il me reste est entre 12 h et 14 h. Le sommeil et l'alimentation étant deux éléments-clés pour la santé, on touche ici l'un des effets les plus pervers et dangereux de la bigorexie. J'en suis parfaitement consciente, mais comme tous les sport-addicts, s'il le faut, je déploierai des trésors d'ingéniosité et d'adaptation pour préserver mes heures d'activité physique. Même si je n'aime pas courir, pas question de sortir mon VTT s'il a neigé pendant la nuit : alors je chausse les baskets, et en avant, en petites foulées !

Dernier exemple en date : la crise sanitaire provoquée par la Covid. En rentrant de ma séance de VTT, ce lundi de mars 2020, j'ai littéralement paniqué, comprenant que nous allions être confinés, enfermés, privés de longues sorties, coupés de la nature. Je me suis précipitée sur Internet, et pendant 2 heures, j'ai lu des dizaines de bancs d'essai et d'avis de consommateurs sur les vélos d'appartement pour finalement commander avec livraison en express. Gros investissement imprévu de 450 €, mais acheter un produit bas de gamme aurait été une erreur, vu la pratique que je prévoyais d'en faire.

Une fois la commande validée, j'ai longtemps culpabilisé : « Et si ce n'était qu'un achat impulsif ? Une énorme bêtise faite sur un coup de tête ? Et si je me lassais au bout d'une semaine ? Était-ce bien raisonnable de dépenser autant avec des revenus en baisse constante et la crise économique annoncée ? » Tant pis, ma santé n'a pas de prix. Ne serait-ce que pour passer psychologiquement ce cap de l'angoisse de l'enfermement, il fallait que je commande. Au moins, j'aurais mis toutes les chances de mon côté, et au pire, je revendrais l'appareil.

Celui-ci m'a été livré deux jours après – une chance inouïe, car le confinement venait effectivement d'être décrété, et les disponibilités de home-trainers et équivalents sur les sites Web ont fondu comme neige au soleil ! –, en pièces détachées, évidemment. Encore quelques heures d'angoisse et de doutes face à la crainte de ne pas réussir à le monter, mais finalement, j'y suis parvenue. Depuis, pas une seule fois je n'ai regretté cet achat ; bien au contraire, je m'en suis félicitée, car malgré tous ses côtés négatifs, ma bigorexie m'a amenée à faire un geste qui s'est avéré totalement salutaire pour supporter ces deux mois d'enfermement et celui de novembre. Mon home-trainer m'a permis non seulement de me dépenser physiquement, de me défouler nerveusement et de garder la ligne, mais aussi de mettre en place une routine quotidienne et de pallier ainsi la perte de pratiquement tous mes repères.

Ce que je n'avais pas anticipé, c'est que je l'apprécierais aussi en dehors des périodes de confinement. En effet, quand il pleut vraiment beaucoup ou qu'il fait très froid, par exemple, il me permet d'épargner mon organisme en lui évitant une séance de vélo dans des conditions « éprouvantes » au profit d'une séance « douillette ». Énorme avantage ! Seulement, a contrario, les jours où la météo est vraiment trop dangereuse pour une quelconque activité physique en extérieur, notamment en cas de tempête, et où je pourrais enfin accorder une journée de repos à mon corps, mon home-trainer me permet de faire quand même du sport…

Il favorise aussi ma pratique en ce sens où il élimine tout risque de chute, un aspect primordial quand on a eu trois accidents graves et à une époque où le trafic cycliste n'a jamais été aussi dense. Aucun risque de chuter à cause d'un propriétaire de vélo électrique qui se retrouve au guidon d'une monture très rapide qu'il ne maîtrise pas, d'un cycliste qui ignore royalement le code de la route ou d'un joggeur qui se déconnecte de son environnement avec ses écouteurs enfoncés dans les oreilles. Au moins, lors d'une séance de home-trainer, je pédale sans être constamment sur le qui-vive, en toute sérénité… et en pouvant même écouter de la musique sans le moindre risque !

En fait, je ne sors jamais de cette ambivalence permanente de la bigorexie, qui peut se révéler tout aussi salvatrice que destructrice. C'est sans doute pour cette raison que cette addiction m'emprisonne à ce point. Certes, j'en arrive à des comportements qui frôlent l'absurde pour préserver mon activité physique quotidienne, mais grâce à cela, je suis beaucoup plus sereine et efficace pour mon activité professionnelle. Jamais je n'aurais réussi à me concentrer pleinement sur ma traduction ni à trouver les expressions vraiment pertinentes pendant les confinements si j'avais dû me limiter pendant deux mois à une heure de marche quotidienne, avec l'angoisse permanente de dépasser les 60 minutes fatidiques et la sensation d'enfermement abusif avec ce maudit kilomètre.

Ma famille sacrifiée sur l'autel du sport

Si j'étais la seule à être détruite à petit feu par ma bigorexie, cela n'aurait aucune importance. Seulement, ma famille est, elle aussi, directement impactée. Je la fais souffrir et culpabilise énormément à cause de cela. Une culpabilité d'autant plus lourde que je n'arrive pas à m'améliorer au fil des années. Impossible de me raisonner et de me dire, par exemple, que pour une fois, je pourrais rater un week-end d'aviron pour participer à un dîner familial, surtout s'il s'agit d'une grande occasion. Imaginez que les seules séances d'aviron ratées correspondent à celles où j'étais en plusieurs morceaux, après mes accidents !

L'exemple du mariage de ma sœur est le plus révélateur. La cérémonie avait lieu en Normandie, dans un hameau à plus d'une heure de voiture de la gare la plus proche. Habitant en banlieue parisienne, j'ai réservé une place dans le dernier train possible qui me permette d'arriver à temps pour l'événement, et je me suis arrangée avec ma prof d'aviron pour ramer quand même un peu plus d'une heure avant de partir. Je suis arrivée en tout début d'après-midi à la gare, où mon oncle m'attendait pour me véhiculer. Passage devant Monsieur le Maire et Monsieur le Curé, puis promenade et apéritif. Ensuite… rien… J'avais réservé le dernier train en soirée pour Paris, donc j'ai quitté ma sœur et tous les convives bien avant le début du repas, et le lendemain matin à 8 h, j'étais à mon club d'aviron pour ramer…

J'ai terriblement honte de réagir ainsi, d'autant plus que si c'était à refaire… je crois que je le referais. J'adore ma petite sœur, mais je déteste les cérémonies et les fiestas. Rater une séance d'aviron est déjà difficilement envisageable pour moi, mais pour quelque chose qui ne me motive pas du tout, a fortiori, cela dépasse mes capacités. On me reproche très très souvent de faire toujours tout pour les autres, mais jamais rien pour moi – certains me surnomment même « Mère Teresa » pour me taquiner – ; or dans des cas comme celui du mariage où il faudrait précisément que je pense aux autres, notamment ma sœur et ma mère, je suis d'un égoïsme exacerbé.

Je m'en veux vraiment, car en plus, j'ai la chance d'avoir une famille en or, hypertolérante et compréhensive, qui respecte mes choix. Jamais ma sœur ne m'a reproché d'avoir fait juste une apparition à son mariage, alors que je suis convaincue de l'avoir blessée. Jamais ma mère n'insiste pour que je vienne à Noël, afin d'avoir ses deux filles et ses petits-enfants auprès d'elle, mais je suis sûre que cela lui ferait plaisir – en même temps, vu que mon neveu et ma nièce sont très jeunes et plutôt remuants, maman s'inquiéterait pour moi qui aspire tant au calme et au silence…

J'ai également boudé le repas de ses 60 ans que ma sœur avait organisé dans un restaurant chic avec ma grand-mère, mon oncle et ma tante. A priori, ma réponse négative à l'invitation à l'époque avait été sans appel : « J'ai tout de suite compris qu'il était inutile d'insister », m'a dit ma sœur quand nous en avons reparlé pour ce livre. Si maman m'en a voulu, sans doute, elle n'a rien montré et ne m'a surtout fait aucune remarque désagréable, alors qu'elle avait toutes les raisons de se vexer et de me reprocher mon égoïsme cruel. Je lui ai fait très mal, d'autant que papa n'était déjà plus là, mais elle m'a laissée totalement libre de ne pas venir. Quand nous évoquons cet événement aujourd'hui ou tous ces week-ends sans jamais que mes parents ne puissent envisager ma présence, maman est tristement fataliste : « Il y avait ton aviron. » « Mon » aviron, oui… Sacro-saint aviron pour moi, « sacro-maudit » aviron pour ma famille.

Pourquoi suis-je donc incapable de renoncer à quelques heures de sport pour un événement familial d'importance qui s'annonce joyeux et chaleureux, sachant, de surcroît, que je fais ainsi souffrir mes proches ? La peur de m'ennuyer, d'être le clown blanc de la fête ? La conviction que, de toute façon, ils s'amuseront aussi bien sans moi et ne remarqueront même plus mon absence ? Ce sentiment de bien-être quand je suis en bateau ou sur mon vélo qui me fait penser que « je suis quand même mieux là qu'à festoyer et essayer de faire bonne figure ? » Qui sait ? Pourtant, la culpabilité me ronge et m'étouffe : pour une fois dans l'année, je pourrais quand même choisir ma famille au lieu du sport : une séance sur 365, c'est vraiment dérisoire ! Mais non. La vie est courte, et je ne veux pas en perdre une miette. Seulement, pour mes proches aussi, les années passent, et un jour, il sera trop tard…

Inlassablement, je m'obstine sur la même mauvaise voie et ne rends que beaucoup trop rarement visite à ma mère, ma grand-mère ou ma sœur, et encore moins à mes cousins, cousines, oncles ou tantes. Mon sport plutôt que ma famille. Comment puis-je être aussi ignoble ? Car en plus de blesser mes proches, ma bigorexie les stresse. Quand je vais les voir, ils ont l'impression de m'imposer un quasi-sacrifice et se demandent si je vais supporter de rester 3 heures enfermée sans m'activer. D'ailleurs, quand je rends visite à maman, elle prévoit systématiquement une balade à pied en bord de mer, mais pas trop loin de chez elle, car elle sait qu'après 30 minutes de RER, 2 heures de train et 30 minutes de bus, j'ai besoin de grand air ! Même si elle n'en a pas envie, elle s'arrange toujours pour que nous allions nous promener un minimum quand je suis chez elle. J'ai vraiment une chance inouïe qu'elle réagisse ainsi au lieu de me détester. Quand accepterai-je de changer de comportement pour lui accorder plus de temps, comme elle le mérite ? Satanée addiction !

Évidemment, je suis célibataire et très heureuse ainsi ! Nul besoin de revenir encore sur mon non-désir d'enfant total et absolu, je pense… Quant à la vie en couple, la simple idée de ne pas pouvoir m'organiser comme je le souhaite m'insupporte. Certes, la vie à deux est loin de se résumer à cela, mais on peut partager de bons moments avec quelqu'un sans pour autant habiter sous le même toit. Chacun sa liberté, telle est ma philosophie !

Une socialisation déviante

Ayant déjà abordé cet aspect précédemment, je me contenterai ici d'un bref rappel. Contrairement à d'autres addictions, ma bigorexie ne m'a pas isolée : elle m'a permis de tisser des liens amicaux incroyablement nombreux et pour certains, très forts. Certes, tous sont liés au contexte sportif, et je continue de fuir les dîners ou les fiestas, mais j'y trouve pourtant plus que pour mon compte. Même si la donne est faussée, puisque ces moments de partage et de convivialité se limitent presque exclusivement aux heures passées sur le vélo ou à mon club d'aviron, ils m'apportent tellement de plaisir que je ne suis absolument pas prête à changer les cartes.

Pourtant, sans doute de par son aspect réducteur, cette socialisation « communautaire » agit aussi pour moi de manière pernicieuse. En effet, elle m'a amenée à développer un lien si fort avec mes vélos et mon bateau que j'ai parfois l'impression de les avoir presque humanisés, un peu comme Tom Hanks qui survit en personnifiant un vieux ballon dans le film *Seul au monde*. « Objets inanimés, avez-vous donc une âme ? », pour reprendre la célèbre formule d'Alphonse de Lamartine.

Effectivement, je tiens à mon deux-roues et à mon skiff comme à la prunelle de mes yeux. Je suis incapable de les prêter, et à chaque fois que je vends l'un de mes vélos, cela me vrille l'estomac, parce que chacun d'eux a une histoire et m'a forcément aidée, à un moment ou un autre, à ne pas sombrer. J'ai vraiment l'impression que mes liens amicaux actuels me comblent totalement, mais j'imagine que cela ne doit pas être si vrai que cela si je me reporte autant sur le matériel... Mon comportement à cet égard me fait souvent penser aux personnes privées d'enfant qui vouent un amour démesuré à leur animal de compagnie. Peut-être aussi suis-je terriblement attachée à mon vélo ou mon bateau, comme elles à leur chat ou leur chien, parce qu'aucun ne nous juge ni ne nous trahira : il est juste toujours là pour nous, toujours fidèle.

Aux frontières de la folie

Bigorexie ne rime pas que linguistiquement avec idiotie et folie : elle mène à des comportements jusqu'au-boutistes, complètement déraisonnables et forcément dangereux. Et circonstance aggravante, nous savons que nous prenons un risque et devrions absolument renoncer à notre séance de sport, mais nous la faisons quand même. J'emploie exceptionnellement le « nous », car il s'agit d'un comportement vraiment commun à tous les sport-addicts. J'ai été dans cet effroyable travers pendant des années, mais chacun de mes accidents m'a appris à être un peu plus raisonnable, et aujourd'hui, je ne vais plus à de telles extrémités. Je m'en réjouis vraiment, et même si je m'en veux d'avoir mis si longtemps à rectifier le tir, cela montre qu'à défaut de sevrage total, on peut au moins atténuer sa bigorexie.

Avant de retrouver un minimum d'intelligence, donc, il m'arrivait, par exemple, de rouler aux aurores, même quand je peinais à rester éveillée, ou de nuit sous la pluie, lorsque la visibilité est terriblement réduite avec les phares aveuglants des voitures et que les freins gorgés d'eau réagissent beaucoup moins bien. Je me rappelle aussi de sorties hivernales où j'étais complètement frigorifiée du début à la fin, des pieds à la tête, y compris les doigts ô combien indispensables pour rester maître du vélo. Bien sûr, j'ai aussi maintenu des séances de sport alors qu'un genou ou un poignet hurlait qu'il avait besoin de repos. Forcément, je ne me privais pas non plus de téléphoner en roulant à vélo…

Comment ai-je pu perdre ma lucidité à ce point ? Pour tout un tas de raisons, en fait. D'abord, parce que beaucoup de mes amis cyclistes se comportent exactement à l'identique, légitimant en quelque sorte ces séances à hauts risques : « Si je ne suis pas seule à rouler dans ces conditions, c'est que ce n'est pas si terrible... » Là où les sportifs sensés renoncent à une séance parce qu'il pleut trop ou pour rattraper un manque de sommeil, j'y voyais un acte de faiblesse, a fortiori vu la très piètre estime que j'ai de moi. Renoncer, c'était aussi créer un fâcheux précédent : qui sait si, ensuite, je n'allais pas renoncer une nouvelle fois, puis encore une, et devenir finalement une « petite nature » ?

J'en suis également arrivée à des comportements totalement absurdes, parce qu'à l'instar d'un alcoolique ou d'un héroïnomane, le sport-addict n'a pas seulement besoin de sa dose quotidienne : celle-ci ne cesse d'augmenter mois après mois, année après année. Au début, une heure suffit pour obtenir l'effet relaxant et défoulant recherché, mais peu à peu, il en faut deux, puis trois, au point que l'on perd totalement le sens des valeurs. Pour beaucoup de gens, 15 km de vélo paraissent énormes, tandis que pour moi, une telle distance ne vaut même pas le coup de sortir mon VTT !

Je peux d'ailleurs vous raconter une petite anecdote à laquelle je repense toujours avec tendresse. Une semaine après m'être cassé le coude, j'ai dû retourner à l'hôpital pour une visite. À peine 20 minutes de marche, une broutille pour moi, surtout que j'étais privée de toute autre activité sportive à cause de mon plâtre, mais une copine a absolument tenu à m'emmener en voiture, estimant que c'était vraiment trop loin. J'ai fini par céder pour ne pas la blesser. Seulement, entre la circulation, les feux, le temps de se garer... nous avons mis 30 minutes, et cela m'a autant stressée que ma petite marche m'aurait détendue !

Faire toujours plus de sport renforce aussi l'endurance : le corps s'habitue et fatigue moins vite. Cependant, il a ses limites, et c'est là que la bigorexie devient particulièrement perverse, car c'est comme si elle prenait le contrôle du cerveau et annihilait toutes les fonctions de modérateur de celui-ci. Un nombre incalculable de fois, j'ai commencé une séance de vélo ou d'aviron en me sentant épuisée, mais au bout de quelques kilomètres, j'avais l'impression que toute ma fatigue avait disparu, comme si mon organisme convertissait ma non-énergie en énergie !

Même si je me suis un tout petit peu assagie, je reste dans l'excès, assurément le maître mot de la bigorexie. Par exemple, j'ai passé deux fois mon brevet de 25 km en aviron – soit 2 h 40 en skiff et un peu moins en double – juste parce que cela me permettait de ramer plus que lors des séances classiques de 1 h 30, environ. Au cours de celles-ci, d'ailleurs, je fais toujours le plus long trajet autorisé, alors que la plupart des rameurs/ses font demi-tour bien avant. Outre le besoin d'avaler le maximum de kilomètres possible, je veux aussi à tout prix rester le plus longtemps possible sur l'eau et ne pas rater une miette de ce à quoi j'ai droit, tellement j'ai peur d'en être privée du jour au lendemain pour un temps plus ou moins long.

Cette quête d'effort à outrance a un autre impact vicieux : je veux maximiser chaque séance. Par exemple, je ne supporte pas de rouler à 22 km/h si je peux maintenir une moyenne à 26 km/h, et suis donc incapable de rester aux côtés d'un ami qui n'avance pas assez vite à mon goût. En aviron, aussi, je m'arrange toujours pour éviter les équipages avec lesquels la sortie sera forcément mauvaise ou « plan-plan ». D'ailleurs, si je me suis acheté un skiff, ce n'est pas juste pour le plaisir d'avoir un beau bateau en parfait état, adapté à mon poids et réglé à ma taille : c'est aussi pour avoir la garantie qu'en arrivant au club, j'aurai forcément un skiff disponible et opérationnel. Aucun risque de me retrouver sans embarcation ou contrainte d'embarquer pour une sortie qui me laissera sur ma faim. Clairement, moi qui suis l'incarnation même de l'altruisme, je peux devenir une parfaite égoïste sous l'effet de la bigorexie.

Aujourd'hui, j'ai le sentiment que mon excès sportif est motivé uniquement par le plaisir, puisque je sais désormais renoncer à une séance quand la météo est vraiment trop mauvaise, ou me conditionner pour seulement 2 heures au lieu de 3 heures si j'estime que je suis trop fatiguée. Je dis bien « conditionner », car le psychologique est un dictateur cruel et impitoyable : si je pars en me disant que je roulerai 2 heures et roule effectivement 2 heures, je suis bien dans ma tête et mon corps au retour ; en revanche, si je pars avec un objectif de 3 heures mais suis vraiment épuisée au bout de 2 heures, soit je rentre et me sens lâche et incapable, soit, beaucoup plus probable, je fais malgré tout la troisième heure au mental.

Évidemment, si je pars dans l'idée de rouler 2 heures, mais ai finalement envie de faire une demi-heure de plus, je n'hésite pas : remplir plus que le « contrat » ne me gêne pas, mais moins que le « contrat », c'est impossible, quitte à en venir à des comportements totalement ridicules. Ainsi, si je pars pour une séance de vélo de 3 heures ou 50 km, je suis capable de faire le tour du pâté de maisons à mon retour si mon compteur n'indique que 2 h 58 ou 49,5 km !

Même après mes dizaines d'années de bigorexie, ce sont des comportements que j'ai toutes les peines du monde à abandonner, alors que je les sais totalement idiots. D'un point de vue physique, 2 min ou 500 m de moins ne changent absolument rien, mais mentalement, c'est comme si ne pas aller au bout de ces derniers instants ou mètres équivalait à n'avoir pas fait de séance du tout.

J'ai bien conscience – et c'est là où l'emprise de la bigorexie est particulièrement criante – de l'ineptie de tels comportements et d'ailleurs suffisamment honte pour bien souvent ne pas avouer que j'étais sur mon vélo ce jour où il pleuvait tant, ou pour annoncer un kilométrage moindre à un voisin qui me demande si j'ai fait beaucoup de « bicyclette »

– ce seul terme suggère qu'après 5 km, mon interlocuteur serait sûrement déjà sur les rotules ! Néanmoins, cela me vaut aussi des petits moments de plaisir gratuit bien agréables. Ainsi, quand je croise une personne en rentrant à 8 h 30 (le matin, donc) qui me souhaite une bonne séance et quand je lui réponds que c'est plutôt l'heure de la douche après mes 70 km, je ne peux m'empêcher de rire intérieurement en voyant son regard interloqué. La bigorexie pourrait même devenir un sujet de gag !

Enfermée dans un cercle vicieux

Effarant, tout ce que mon addiction implique, n'est-ce pas ? Tant de conséquences négatives, et pourtant, je reste complètement dépendante. Pourquoi ? Pourquoi accepter sciemment de payer un si lourd tribut ? Avec son ambivalence permanente entre ses effets salvateurs et destructeurs, la bigorexie m'entraîne dans une spirale infernale, et je peine d'autant plus à m'en extraire qu'en 2005, j'ai compris combien la vie était courte et comment tout pouvait basculer d'une seconde à l'autre : je veux donc remplir la mienne le plus intensément possible, peut-être pas la brûler par les deux bouts, mais au moins ne pas avoir à regretter d'avoir renoncé à une séance de sport pour une raison qui n'en valait pas la peine.

En février 2020, par exemple, notre ultime sortie d'aviron s'est déroulée dans des conditions vraiment difficiles : la Marne était déjà en crue, donc très remuante, avec beaucoup de courant, il faisait froid, et il pleuvait. Forcément, la séance s'apparenterait davantage à une épreuve de galériens que d'avironneurs. Pour autant, pas question de renoncer à aller sur l'eau, car rien ne garantissait que nous pourrions ramer le week-end suivant. Bien m'en a pris, puisque, ensuite, effectivement, la crue a interdit toute navigation, et quand la Marne a commencé à baisser, la Covid nous a confinés. Résultat : quasiment six mois sans ramer. Autant vous dire que je me suis réjouie des tas de fois de n'avoir pas préféré mon canapé à la Marne houleuse, humide et fraîche de notre ultime séance hivernale !

De nombreux facteurs se sont combinés pour m'emprisonner dans le cercle vicieux de la bigorexie. J'ai déjà évoqué la plupart d'entre eux, mais ici, je voudrais vous montrer comment tout s'imbrique de manière inextricable et donc avec un si fort impact.

Commençons par des éléments a priori anodins, mais qui, au final, favorisent, eux aussi, la pratique intensive du sport. J'ai toujours été une petite dormeuse, de sorte qu'une séance de vélo à 5 h du matin me semble naturelle, puisque je suis déjà réveillée. Je ne fume pas, ne bois pas, mange essentiellement bio et végétarien, et exècre les produits transformés. En bref, j'essaie d'avoir une vie saine qui me permette de garder la santé et la ligne, donc le sport s'inscrit parfaitement dans cette philosophie.

Cependant, il est évident que je n'intègre pas cet élément dans ma vie comme certains vont au cinéma ou au théâtre de temps en temps. C'est un besoin réellement viscéral et complètement irrépressible, que je ressens au plus profond de moi, exactement comme un drogué en quête de sa dose, un fumeur d'une cigarette ou, tout simplement, comme lorsque vous « mourez de faim » : la sensation qui vous tenaille échappe à tout contrôle cérébral. Votre corps s'empare de votre esprit, et tant que vous n'avez pas eu votre shoote, fumé ou mangé, vous ne vous sentez pas bien. Privée de sport, j'éprouve un mal-être véritablement physique – presque charnel –, un manque, une frustration ; je me sens grosse, patraque, stressée, quasiment fébrile : autant de caractéristiques dont beaucoup rappellent ce que peut exprimer un héroïnomane ou un alcoolique…

C'est extrêmement flagrant après une longue privation due à un facteur extérieur, comme la neige pour le vélo ou la crue de la Marne pour l'aviron : presque dès les premiers coups de pédale ou de rame, j'ai l'impression de renaître, comme si une sorte de sérénité m'envahissait peu à peu, coulant doucement dans mes veines. Je me sens revivre, être de nouveau « moi », telle une droguée qui se ferait une piqûre et sentirait l'effet de l'héroïne agir. La reprise après un accident ne procure pas les mêmes sensations de plaisir, car il faut d'abord gérer la crainte et la douleur, mais quand ce sentiment de renaissance finit par arriver, quel bonheur ! D'ailleurs, j'ai eu beau essayer de trouver une autre activité que le sport pour m'apporter un bien-être équivalent sans risquer un quatrième accident, mais sans succès. À croire que le vélo et l'aviron sont inscrits dans mon ADN !

L'effet pervers est que cela mène rapidement à confondre plaisir et addiction. Maintenant que je suis revenue à une pratique plus raisonnable – ou, a minima, un peu moins déraisonnable –, je me rends compte qu'avant, je me méprenais souvent sur la nature du ressenti. Consciemment ou pas, je me voilais la face, invoquant le plaisir là où il ne s'agissait en fait que de satisfaction, comme celle d'avoir fait les 60 km prévus malgré la pluie et le temps qui m'a paru interminable, ou malgré la peur de glisser qui ne m'a pas quittée à cause du sol humide qui gelait par endroits. Non seulement j'avais besoin de ma dose de sport, mais en plus, je ressentais comme un devoir de ne rater ni raccourcir aucune séance.

Dans le même registre, j'ai encore en tête les séries d'abdominaux et de pompes que je me suis imposées pendant des années en fin de journée : quand il était déjà tard et que j'avais encore beaucoup de choses à faire, je sentais que cela me stressait, mais je n'allais surtout pas m'en dispenser ! J'aurais culpabilisé et eu de moi une image encore plus mauvaise.

L'esprit joue un rôle très vicieux dans la bigorexie, car il est aussi à l'origine de nombreuses projections négatives. Combien de séances de sport ai-je ainsi maintenues alors que j'étais complètement épuisée ou pas du tout motivée, mais parce que je me disais que si je restais chez moi ou allais juste marcher un peu, je ne serais pas bien dans ma peau et prendrais du poids ! Et toutes ces nuits d'angoisse à tendre l'oreille en espérant que la pluie s'arrête ou à me relever dix fois pour regarder si la neige exceptionnellement prévue sur Paris est vraiment au rendez-vous... Les projections négatives se répercutent aussi sur mes rapports humains : je suis tellement convaincue qu'un déjeuner entre amis ou un week-end en famille me procurera moins de plaisir que mon activité physique habituelle que je décline d'office tous ces types de moments.

Le hic est que pour savoir si je suis dans le vrai ou dans le faux, il faut que je m'en donne l'opportunité en renonçant volontairement à une séance de sport. Pas simple... Néanmoins, je me suis quand même à moitié améliorée sur ce point. Maintenant, je suis capable de m'abstenir de rouler si je suis convaincue de n'y prendre aucun plaisir ou même de risquer la chute. Et ô miracle, jamais je ne regrette ! Un peu de sagesse avec l'âge, il était temps...

Le cercle vicieux de la bigorexie est aussi alimenté par une double perte de repères. D'une part, j'ai tellement accru mon volume d'activité au fil des années que le week-end, par exemple, avant ma séance d'aviron matinale, je fais systématiquement du vélo ou de la marche. Et comme je ne suis jamais rassasiée, l'après-midi, je repars systématiquement pour une nouvelle sortie de vélo ou une longue marche, alors que beaucoup n'aspirent qu'à farnienter. D'autre part, comme je côtoie des cyclistes aussi jusqu'au-boutistes que moi, voire pires – certains roulent même en cas de tempête, à 3 h 30 du matin ou en dépit d'une contre-indication médicale sévère –, je n'imagine pas avoir mis le curseur si haut que cela.

Dernier élément à m'enfermer dans cette spirale de la bigorexie, a fortiori pour moi qui le redoute tant : le regard des autres. Depuis tout ce temps de pratique sportive intense, ma réputation n'est plus à faire. Je suis vite devenue « la cycliste de l'immeuble », au point que la plupart du temps, quand je suis à pied, beaucoup de gens de la résidence ne me reconnaissent pas ou me demandent si je n'ai pas un souci de santé ou avec mon vélo. Et je ne serais pas surprise que certains croient encore que je ne travaille pas et que je vis de cyclisme et d'eau fraîche ! Il y a aussi un nombre incroyable de personnes qui, lorsqu'elles me téléphonent, commencent la conversation par la question « Tu n'es pas sur ton vélo ? »

Outre celle de cycliste, j'ai également la réputation de pratiquer mon activité physique quelle que soit la météo. En aviron, qui est déjà un milieu majoritairement masculin, j'ai très souvent eu le vestiaire féminin à mon entière disposition ! Une petite anecdote à ce sujet, d'ailleurs : le jour de la session de passage des brevets de bronze, il faisait un temps exécrable, froid et pluvieux, et arrivée à quelques mètres de la porte du hangar, j'ai entendu les coaches à l'intérieur dire : « Il y aura au moins Servane. » Effectivement !

Le regard des autres peut avoir un impact négatif très insidieux en m'amenant à faire encore plus, ne serait-ce que pour être fidèle à ma réputation. Au plus fort de ma bigorexie, je roulais absolument tous les matins aux aurores, même en cas de forte pluie ou de froid glacial, quand le thermomètre descendait bien au-dessous de zéro : or, à -9 °C, maintenir sa température corporelle n'est déjà pas évident, mais ne pas finir avec les doigts et les orteils complètement gelés tient carrément du miracle ! Même si j'étais fatiguée, manquais de motivation et devais lutter pour ne pas être frigorifiée, j'étais fidèle au poste, car je savais que les hyperaccros seraient présents et que je me serais vue comme une mauviette si j'étais restée chez moi ou avais écourté ma séance.

Aujourd'hui, je ne me juge plus comme lâche en pareilles situations : je me félicite plutôt d'être enfin devenue plus raisonnable. En revanche, le regard des autres m'affecte encore beaucoup. Par exemple, quand je rejoins les amis cyclistes seulement en milieu de matinée, parce que j'ai senti que je devais impérativement dormir davantage, et que je me fais « chambrer », je ne peux m'empêcher d'entendre une petite voix me souffler que j'aurais pu faire un effort au lieu de rester sous la couette. C'est idiot, car il n'y a aucun reproche dans leur remarque : ils me taquinent, simplement.

Pourtant, je n'arrive pas à me débarrasser de cette petite once de culpabilité. Autant dire que je ne suis pas près de sortir du cercle vicieux de la bigorexie !

PARTIE 3

L'indispensable électrochoc de l'accident

« Tout ce qui ne nous tue pas nous rend plus fort », a écrit Nietzsche. Après trois accidents graves à vélo, je vais finir par me transformer en superwoman ! Je plaisante, mais il est clair que me retrouver privée de sport du jour au lendemain pour plusieurs mois et endurer toutes les joyeusetés consécutives à une fracture du bassin, du coude ou de la jambe a renforcé mon mental. Gérer soudainement une multitude de contraintes imposées par le handicap – heureusement temporaire –, alors même que je perds brusquement le garant de mon équilibre psychologique, à la fois défouloir et booster, m'a amenée à aller puiser jusque dans mes dernières ressources, tant physiques que psychologiques.

En fait, lors de mes accidents, également, la bigorexie a agi de manière ambivalente. D'un côté, elle a compliqué l'acceptation et la gestion de l'immobilisation et de tout ce que celle-ci induit, comme les frustrations permanentes, la privation de liberté et le rapport difficile au corps : si mon passe-temps favori avait été de manger des sucreries en regardant la télé, je n'aurais pas vécu aussi douloureusement ces périodes post-accident. D'un autre côté, être sport-addict m'a appris à endurer la douleur et repousser mes limites, et m'a donné une motivation hors normes pour me rétablir après mes chutes.

Dans cette partie, je n'entends pas vous raconter en détail chacun de mes accidents, et encore moins m'apitoyer sur mon sort, car une fracture osseuse est une épreuve pour tout le monde, sportif ou non. Et de toute façon, comme me l'a dit un chirurgien, « en faisant du vélo à Paris, vous l'avez bien cherché. » En d'autres termes, je n'ai eu que ce que je méritais. En un sens, sans doute, mais pas pour la raison invoquée par ce médecin – je pourrais tout à fait être renversée par un coursier en scooter roulant sur le trottoir lorsque je me promène tranquillement à pied –, et c'est ce que je voudrais tenter de montrer par mon témoignage.

Aucun de mes accidents ne s'est produit à un moment anodin. Ma bigorexie a entraîné une fatigue physique et psychologique dont je n'avais pas conscience ou, disons plutôt, que je sous-estimais plus ou moins sciemment. Cumulée à d'autres événements ou facteurs qui m'avaient stressée ou fragilisée, elle a agi comme un détonateur, et à un moment, forcément, l'accident est arrivé. Mais je suis convaincue que ce schéma vaut pour tous les sport-addicts, car malheureusement, je n'en connais aucun de plus de 40 ans qui n'ait pas été victime de cette bombe à retardement.

Du jour au lendemain, il faut alors troquer les baskets pour les pantoufles, le vélo pour le canapé, la forêt pour le salon, et ce, pour plusieurs mois. Dur dur, a fortiori pour une bigorexique. Mais même face à l'adversité la plus hostile, je n'ai jamais baissé les bras, partant du principe qu'aucune situation n'est insurmontable. Vous verrez que mes semaines post-accident n'ont pas été un long fleuve tranquille : à défaut de ramer sur la Marne, j'ai galéré dans mon 45 m². Cependant, j'ai fini par revenir à bon port. C'est tout ce qui compte et ce qu'il faut retenir : quelles que soient les difficultés, on peut toujours s'en sortir, et même un bigorexique peut survivre à trois mois sans sport !

Le seul – gros – bémol dans mon cas, mais aussi dans celui de tous mes ami(e)s sport-addicts, est que malgré l'angoisse de la chute qui grandit après chaque accident, je n'ai pas pour autant renoncé au vélo ni à l'aviron. Bêtise ? Obstination ? Fatalisme ? Addiction sévère, en tout cas…

Cela devait arriver

Certains croient au destin, d'autres en Dieu. Pour ma part, je suis convaincue que rien n'arrive jamais vraiment par hasard, et lorsque je vis un événement ou un fait grave, ou qu'il se produit une coïncidence heureuse, j'essaie toujours d'en trouver le sens. Cette sorte d'introspection m'aide à la fois à mieux vivre les épreuves difficiles et à en tirer des conclusions qui peuvent s'avérer salutaires pour rectifier un comportement déviant.

Ainsi, j'ai eu trois accidents graves à vélo, à chaque fois à un moment très significatif. Le premier, que j'ai évoqué précédemment, a eu lieu en 2005. J'habitais déjà en banlieue parisienne à cette époque et, la veille, j'étais allée voir mon père au CHU de

Caen, où il vivait ses derniers jours, fauché par un cancer généralisé en moins d'un an. En quittant l'hôpital, j'étais convaincue que je ne reverrais plus papa en vie. Le lendemain, comme je m'apprêtais à bifurquer à un feu en vélo, j'ai été percutée par un automobiliste au volant d'une voiture sans permis. Par chance, des policiers étaient à proximité, de sorte que les pompiers ont été appelés immédiatement et que le chauffard n'a pas pu s'enfuir. J'étais étendue par terre, le bassin fracturé, mais la seule chose que cet homme méprisable ait trouvé à dire est que j'avais cassé son phare !

Après plusieurs jours en position totalement allongée, j'en ai passé 45 avec des béquilles, sur une jambe, sans avoir droit à l'appui, puis il a fallu réapprendre à marcher correctement, me remuscler, etc. Classique !

Mon deuxième accident a eu lieu le 13 décembre 2013, alors que je roulais en vélo sur les bords de Marne. Si la plupart des gens se réjouissent à la perspective de Noël, je hais ces fêtes imposées, avec leurs orgies et leurs excès. Cette année-là, de surcroît, nous devions nous retrouver en famille, et je redoutais de ne pas supporter la promiscuité ni la privation d'activité physique, mais aussi de devoir m'adapter constamment aux horaires des autres et de ne pas pouvoir contrôler mon alimentation, a fortiori nettement plus riche en cette période – toujours cette angoisse de prendre du poids et de me retrouver avec un corps informe…

Juste au moment où je doublais une piétonne, elle a fait un grand mouvement latéral du bras pour balancer son sac à main au-dessus de son épaule. Devinez qui a pris le sac en pleine figure… Complètement déséquilibrée, je suis tombée lourdement sur le macadam, me fracturant le coude en deux endroits et me fêlant quelques côtes. Plus besoin d'angoisser à cause du Noël familial : je le passerais seule chez moi, ne pouvant pas prendre le train dans mon état. Six semaines de plâtre, suivies d'un long temps de rééducation pour retrouver l'extension totale du bras : le « hasard » peut-être pas si fortuit que cela m'a fait payer le prix fort pour échapper à une situation qui me paraissait insurmontable.

Mon troisième accident a eu lieu beaucoup plus récemment, le 29 décembre 2018 – encore en fin d'année, étrangement… Cette fois, j'ai glissé sur une plaque de gasoil totalement invisible sur la chaussée humide, dans un virage en épingle à cheveux. Je roulais à très petite vitesse, mais je suis mal tombée, ce qui a entraîné une double fracture du col du fémur.

Je venais de passer Noël chez maman, et ma grand-mère était en si petite forme que je redoutais sa disparition prochaine. Par ailleurs, j'avais une proposition de traduction qui m'intéressait énormément, mais craignais de devoir la refuser à cause du délai trop court. Enfin, je savais qu'en début d'année, je devrais préparer l'AG de mon club d'aviron, un gros travail totalement bénévole, mais que je ferais avec autant d'application que le reste et qui me prendrait donc beaucoup d'heures et d'énergie.

J'étais obsédée par ce temps qui allait me manquer pour tout concilier, mais en une fraction de seconde, tout a été réglé, là encore, puisque je me suis retrouvée immobilisée et de nouveau avec des béquilles et sur une jambe pendant 45 jours. Facile de travailler 10 heures quotidiennement, 7 jours sur 7, dans ces conditions ! J'ai donc pu accepter le projet de traduction sans crainte, d'autant que j'ai été déchargée de la gestion de l'AG. Quant à ma grand-mère – âgée aujourd'hui de 98 ans –, elle est tombée dans sa cuisine le 30 décembre et s'est fracturée le fémur… Comment ne pas croire aux coïncidences ?

Tout mon monde s'effondre

Se retrouver avec un membre fracturé est une épreuve pour tout le monde, mais en tant que sport-addict, j'ai vraiment eu l'impression d'écoper d'une double peine, car pendant plusieurs mois, je me suis retrouvée privée de ma principale source de vie et l'élément-clé de mon équilibre psychologique, tout en devant supporter un corps qui me répugnait chaque jour un peu plus.

Des centaines de fois pendant que j'étais handicapée après mes accidents, j'ai pensé que si je n'avais pas craint la prise de poids et avais été passionnée de cinéma, de généalogie ou de jeux vidéo au lieu d'avoir le sport comme loisir quasi exclusif, j'aurais beaucoup mieux vécu ces périodes d'inactivité. Même un lion en cage aurait semblé docile à côté de moi !

Le couperet du diagnostic

Me préparer au pire tout en espérant le plus bénin : c'est ainsi que j'ai réagi à chaque fois tant que je n'avais pas eu le verdict des radios. Et trois fois, j'ai cru jusqu'au dernier moment que ce serait moins grave. D'une part, parce que la douleur n'était pas à son paroxysme dans les quelques dizaines de minutes qui ont suivi l'accident : elle a augmenté sournoisement et progressivement au fur et à mesure que le temps passait et que l'organisme se refroidissait. D'autre part, parce qu'à chaque fois, les commentaires des médecins et pompiers étaient bien en deçà de la réalité.

Lors de mon premier accident, en attendant le verdict, allongée sur mon lit d'hôpital parisien, je n'avais qu'une chose en tête : retourner à Caen voir papa la semaine suivante. Quand le chirurgien est arrivé avec les radios, il a commencé par me dire qu'a priori, il n'y avait rien de sérieux, mais en examinant les clichés de plus près, il a repéré un trait de fracture au niveau du bassin. Premier coup au moral, et pourtant, je ne mesurais pas encore la principale implication…

Avant même de m'enquérir de la durée de rééducation, j'ai immédiatement demandé si je pourrais quand même prendre le train la semaine suivante. Évidemment non. Séisme puissance 10 sur mon échelle psychologique. L'espace de quelques secondes, cela a été comme si mon cerveau ne voulait pas enregistrer ce qu'il avait entendu, comme si la réalité n'avait pas place dans mon schéma des possibles, comme si le temps s'était arrêté. Puis j'ai compris… et je me suis complètement effondrée. Oh, pas du tout à cause de la privation de sport, non ! Encore une fois, je n'y pensais même pas. J'ai été submergée par la tristesse et la colère à l'idée qu'à cause d'un chauffard, je ne reverrais plus mon père avant que son cancer l'emporte.

De mes trois accidents, ce verdict médical a donc été le plus difficile à encaisser. J'adorais mon père, et sa disparition a relégué totalement au second plan tout ce qui était lié à ma fracture, jusqu'à la douleur physique. Il fallait que je me rétablisse, certes, mais mes seuls objectifs ont été de tout faire pour revoir papa quand même une dernière fois – j'ai eu cette chance – et assister ensuite aux « cérémonies » – quel mot odieux pour désigner des moments si horribles – après le décès. L'image du chirurgien au pied de mon lit qui regarde mes radios est encore aussi vivace aujourd'hui que ce 25 août 2005. Aucun autre diagnostic ne m'a anéantie à ce point, mais jamais je n'ai eu autant de hargne à m'en sortir et à récupérer mes capacités physiques et mon autonomie pour faire face à la douleur insondable et insoutenable de la mort injuste de mon père.

Pour connaître les conséquences de mon deuxième accident, j'ai dû y mettre du mien... Toujours aussi peu professionnel et peu à l'écoute de ses patients, le médecin généraliste qui me suivait depuis des années a d'abord refusé de me prendre en urgence, alors que nous étions vendredi après-midi. Quand enfin il m'a reçue, il a estimé que j'avais juste quelques contusions, mais « pour me rassurer » – je le cite –, il a quand même consenti à me faire une ordonnance pour une radio, précisant bien que cela pouvait sans problème attendre le lundi.

Seulement, ma pratique excessive du sport n'a pas juste renforcé ma résistance au mal : elle m'a aussi appris à connaître mon corps et savoir quand il s'agit d'une douleur classique, de type contracture ou tendinite et, à l'inverse, quand il y a un réel problème. En l'occurrence, étant incapable d'utiliser mon bras ne serait-ce qu'à 20 % sans ressentir une douleur extrêmement vive, je suis allée directement à l'hôpital après avoir trouvé porte close devant le cabinet de radiologie proche de chez moi. Bien m'en a pris, car le bilan a été sans appel : double fracture du coude. J'étais loin du diagnostic bénin de mon cher docteur, résolument meilleur en généralités qu'en médecine générale !

Bien sûr, la nouvelle a été difficile à encaisser moralement, mais outre les circonstances radicalement différentes, la situation était moins catastrophique qu'en 2005 : cette fois, j'avais mes deux jambes, donc dès le départ, j'ai pu me raccrocher au fait que je n'aurais pas de béquilles et pourrais marcher et sortir dans un environnement naturel autant que je le voudrais. À défaut d'avoir ma dose habituelle de sport, j'aurais au moins une petite injection quotidienne !

Lors du troisième accident, un simple regard sur ma jambe alors que j'étais au sol m'a suffi pour comprendre que c'était grave : elle n'était plus du tout dans son axe normal ! Pourtant, à part lors de certains mouvements, je ne souffrais pas énormément, au point que les pompiers ont plusieurs fois évoqué une simple luxation de la hanche. Ils avaient tort, malheureusement, mais comme lors de mon premier accident, ils ont été exceptionnels de gentillesse et de dévouement. Sachant trouver les mots justes pour me rassurer un peu et me faisant parler d'aviron pour habilement détourner mon attention de l'accident, ils se sont montrés aussi extrêmement attentionnés au moment de retirer mes vêtements de cycliste, faisant le maximum pour ne pas avoir à les découper, et se sont inquiétés du devenir de mon VTT.

De telles préoccupations peuvent sembler futiles par rapport à la gravité de ma blessure et l'urgence de m'emmener à l'hôpital, mais toutes mes affaires de sport et a fortiori mon vélo sont des biens auxquels je tiens énormément. Certes, avec le recul, je me dis que j'ai réagi bêtement – qu'est-ce qu'un cuissard cisaillé par rapport à l'importance de faciliter la tâche des pompiers si dévoués et de libérer ma jambe au plus vite ? –, mais sur le moment, j'ai pensé machinalement que c'était mon plus beau cuissard et que je l'avais payé vraiment cher. L'emprise de la bigorexie s'étend décidément bien au-delà du physique…

À l'hôpital, le couperet du diagnostic s'est révélé aussi redoutable qu'un rasoir double lame. La première a coupé court à tout espoir de m'en sortir rapidement en me révélant ma double fracture du fémur, et la seconde a tranché dans le vif avec une opération prévue le soir même. Pas évident de reprendre du poil de la bête après tout cela !

Néanmoins, comme un épi rebelle, je me suis redressée très vite en mesurant la chance que j'avais d'être en vie et de ne pas me retrouver tétraplégique ni amputée d'un membre. Au moment de l'interprétation des radios, j'ignorais encore si je pourrais reprendre le vélo et l'aviron, mais je savais qu'au moins, je retrouverais mon autonomie et pourrais refaire une activité physique en extérieur. Donc peu importe le temps que nécessiterait mon rétablissement et les difficultés que j'allais rencontrer : ce ne serait que transitoire, une chance inouïe par rapport à de nombreux accidentés.

Une déferlante emporte tous mes repères

Quand je me retrouve brutalement immobilisée plus d'un mois avec une fracture, tout ce sur quoi ma vie est construite s'envole en fumée.

Finie l'activité physique : au mieux, je peux marcher quand j'ai juste une fracture du coude ; au pire, 500 mètres m'épuisent lorsque je ne peux avancer que sur une jambe avec deux béquilles.

Finis les longs moments passés en pleine nature, à m'emplir les poumons de senteurs forestières, à profiter de la sérénité que dégage la Marne en s'écoulant paisiblement ou à m'émerveiller d'une rencontre avec un chevreuil qui ne m'avait pas entendue : je passe l'essentiel de mon temps à l'intérieur.

Finis les levers de soleil sublimes dans le bois de Vincennes et la magie de la nature qui s'éveille au son des chants d'oiseaux : je dois me contenter du lever du jour sur les immeubles depuis ma fenêtre, avec la circulation automobile comme bruit de fond.

Finie la liberté de m'échapper loin et d'aller où bon me semble : avec mes béquilles, déjà sortir de l'immeuble se révèle périlleux à cause des marches – d'autant qu'il faudra rentrer, ensuite ! –, alors rejoindre les bords de Marne ou les sentiers forestiers n'est absolument pas envisageable. Impossible de prendre le RER ou le bus, évidemment. En contrepartie, pour mes rendez-vous médicaux, j'ai droit à une jolie voiture particulière blanche, ornée d'un liseré bleu, avec chauffeur et chevalier servant à mes petits soins, qui peut même jouer de sa sirène ou de son gyrophare pour passer en priorité quand la circulation est trop dense ou bloquée : une fracture, et me voilà star ! Hormis ces échappées en ambulance pour aller passer les radios, je me contente de sortir dans le jardin de la résidence qui, s'il reste préférable à un environnement entièrement bitumé, ne me permet jamais de savourer le silence absolu ni d'échapper à un cadre urbain.

Finies les heures quotidiennes de convivialité, de papotage et de rigolade avec mes compagnons de roue ou de rame : certes, j'échange beaucoup par téléphone et par courriel, et reçois quelques visites, mais cela n'a rien à voir avec les moments de partage à l'occasion d'une séance de vélo ou d'aviron.

Fini le planning quotidien bien calé : dès le réveil, je me sens perdue, car je ne dors pas plus tard que d'habitude, mais ne peux pas filer sur mon vélo une fois le petit déjeuner avalé. Évidemment, pas question non plus de regonfler les batteries l'après-midi en allant pédaler ! Chaque jour, je dois aussi m'adapter aux visites de l'infirmière et de la kiné.

Finies les journées hyperremplies : alors que, d'habitude, j'enchaîne les heures de sport et de travail à la vitesse grand V et accomplis en plus mille et une autres tâches, y compris plusieurs en même temps, la moindre activité me prend désormais une éternité. Ne serait-ce que pour faire ma toilette ou préparer mon petit déjeuner, je dois sans cesse poser et reprendre les béquilles, me contorsionner, accomplir l'essentiel avec un seul bras, etc. Résultat : quand la fin de la matinée arrive, j'ai l'impression de n'avoir rien fait !

Enfin, finies mon indépendance et ma vie bien contrôlée : même si le ménage n'est guère mon occupation favorite, je dois confier le mien à une aide à domicile, ce qui m'impose des horaires supplémentaires et de prendre encore sur moi quand la femme heurte les meubles avec l'aspirateur ou décide de nettoyer l'écran de mon ordinateur avec du produit pour les vitres... Je finis par tellement redouter sa prochaine invention que je me charge seule de faire mon lit et ma lessive – moi qui ai besoin de sport, changer une housse de couette avec une seule jambe valide vaut une bonne demi-heure de gym !

Bien sûr, je deviens en partie dépendante aussi pour mes courses. Grâce à Internet, je peux heureusement commander nombre de mes produits habituels, mais ne plus pouvoir faire mon marché hebdomadaire me coûte terriblement. D'autant que lorsque je confie cette tâche à mon aide à domicile, elle me ramène des courgettes et des avocats aussi mous que des chamallows, et ce n'est qu'un exemple parmi tant d'autres !

Dernier point qui échappe désormais à mon contrôle et me pèse énormément : moi qui ai peu l'habitude de recevoir et prends grand soin de mon appartement, je dois désormais accepter la venue d'un grand nombre de gens et encaisse douloureusement d'en voir certains marcher sur le parquet du salon ou la moquette de ma chambre en chaussures, surtout s'ils ont pris le RER ou s'il a plu ou neigé – évidemment, de peur de les vexer ou de passer pour une maniaque, je n'ose jamais leur demander de retirer leurs chaussures.

Bref, à chaque accident, je suis emportée par le même tsunami qui, en un instant, ravage tout ce à quoi je tiens et m'oblige à supporter des contraintes que je vis excessivement mal. Bien que je connaisse parfaitement ce schéma, maintenant, je ne m'y suis pas habituée : lors de mon troisième accident, j'ai éprouvé le même sentiment de dépersonnalisation qu'au premier. Mais comment pourrait-il en être autrement, puisque seul le sport me permet d'être vraiment moi-même ?

Enfermée dans un corps qui me répulse

Même si je ne suis pas féminine ni coquette, je tiens à rester mince et musclée, deux aspects difficilement compatibles avec l'immobilité entraînée par une fracture du bassin, du coude ou de la jambe. À cet égard, d'ailleurs, le corps humain est terriblement injuste, car en moins de deux semaines, vous perdez toute la masse musculaire que vous avez mis des années à gagner... et que vous mettrez des mois et des mois à récupérer !

À chaque accident, c'est insupportable : même si, sur la balance, je ne grossis pas, et si je réduis mon alimentation pour pallier l'absence d'activité physique, mes membres galbés deviennent flasques, et je me sens grosse. Mon corps me fait horreur, d'autant qu'à chaque fois, je suis privée de douche pendant des semaines. En plus de me sentir énorme, donc, je me sens sale.

Autrement dit, pendant plusieurs mois, je dois vivre avec une image de moi qui me dégoûte et en ressens un profond mal-être. Celui-ci est accentué par la même sensation de manque que celle dont souffre un drogué en quête de sa dose. Privée de sport, je deviens fébrile, et les exercices de respiration et de relaxation que j'essaie pourtant de réaliser avec application se révèlent peu efficaces. Pas étonnant qu'avec un corps aussi défaillant et répugnant, je peine à trouver les ressources mentales nécessaires pour éviter l'implosion !

Moral au moche fixe

Psychologiquement, difficile d'avoir le cœur léger quand je me retrouve privée de mon essentiel, mais j'essaie de rester positive et optimiste le plus souvent possible, car me lamenter et m'apitoyer sur mon sort ne ferait que m'enfoncer dans la déprime et rendre la situation encore plus invivable. Néanmoins, j'ai traversé des périodes où le moral restait désespérément au fond des chaussettes, comme s'il n'y avait plus d'élastique pour le garder plus haut. Dès lors, je me devais de me battre encore plus pour ne pas dériver vers la dépression.

En 2019, je me suis franchement retrouvée sur le fil du rasoir. Même si je n'ai jamais capitulé, j'ai vraiment eu envie de tout laisser tomber plusieurs fois, principalement à cause de l'usure, je pense.

Celle engendrée par la douleur, d'abord, qui ne m'a jamais lâchée depuis le jour de ma chute. Et pendant les deux mois et demi qui ont suivi l'opération, j'ai vraiment vécu des journées et des nuits d'enfer. Je me rappelle d'un jour où au bout de 7 heures de douleur non-stop à chercher une position où j'aie vraiment moins mal, j'ai fini par oser appeler ma kiné qui, par chance, est venue immédiatement pour me soulager un tout petit peu. Même avec mon mental de battante, j'avais parfois toutes les peines du monde à garder le sourire et ne pas me décourager à cause de cette douleur vive et permanente, a fortiori lors de mes deux semaines et demi de sciatique, quand j'ai recommencé à marcher.

Une autre usure psychologique venait des piqûres quotidiennes et des prises de sang bihebdomadaires, sans parler du pansement à changer régulièrement au début. Mes deux infirmières étaient absolument adorables, là n'est pas la question. Mon problème est que je redoute tout ce qui ressemble de près ou de loin à une seringue et ne supporte pas la vue du sang, donc j'aurais donné cher pour être dispensée de ces actes médicaux. En 2005, je me faisais les piqûres d'anticoagulant toute seule, mais cela me déprimait tout autant. Sans compter que certains jours, trouver la motivation était pour le moins difficile... surtout à la vue de l'hématome hideux laissé par la piqûre ratée de la veille !

J'évoque beaucoup les journées, mais en 2019, chaque nuit, aussi, était une épreuve qui, au lieu de me reposer, accentuait ma fatigue et mon usure psychologique. Avec ma jambe cassée, il me fallait tester une multitude de positions allongées avant de trouver la moins inconfortable possible – je dis bien « moins inconfortable », et non pas « plus confortable », car espérer un quelconque confort en pareille situation est pure utopie. Seulement, à moins de sombrer rapidement dans un profond sommeil, j'avais très vite de nouveau envie de changer de position... Nouvelle douleur, nouvelle lassitude, nouveau découragement.

Le pire était de devoir aller aux toilettes la nuit. En temps normal, j'y vais souvent sans même allumer la lumière et plutôt à moitié endormie : avec des béquilles, c'est totalement impossible. Je commençais par essayer de me dissuader que j'avais besoin d'y aller, et quand vraiment c'était incontournable – un conseil d'une pro des fractures : pour éviter les mauvaises surprises (!), n'attendez jamais le tout dernier moment pour vous décider, car vous ne pourrez pas vous précipiter aux WC avec vos béquilles… –, je mettais toute la machine en route pour me lever et rejoindre ce fameux lieu d'aisance qui n'a jamais aussi mal porté son nom qu'en pareilles circonstances ! C'était excessivement fatigant, car je n'aspirais qu'à dormir, or je devais être totalement lucide et trouver assez de force pour me mettre debout et me déplacer sur une jambe avec les béquilles ; et au retour, me recoucher me confrontait de nouveau à la difficulté de trouver une position acceptable.

Après 24 heures de béquilles, j'étais bien plus fatiguée physiquement qu'après 6 ou 7 heures de sport. Et le plus cruel, dans l'histoire, est que toutes ces heures de vélo m'auraient ressourcée psychologiquement, alors que chaque heure passée avec mes béquilles accentuait, au contraire, ma fatigue psychologique.

Quand le moral est déjà très entamé et que le handicap nous rend si dépendants, la moindre déconvenue prend des proportions démesurées. Sans exagérer, lors de mon accident de 2005 comme de celui de 2019, l'aide à domicile envoyée par mon assurance était pitoyable et a posé problème. Juste un petit exemple, aussi révélateur que surréaliste : en 2019, le seul jour où je suis sortie avec l'aide à domicile pour aller au marché, elle ne m'a pas aidée à ouvrir ou fermer les portes. J'ai beau être sportive et agile, il s'agit typiquement d'un geste hypersimple pour une personne valide, mais qui frôle le casse-tête quand on est sur une seule jambe avec deux béquilles : dommage que l'on ne puisse pas louer momentanément un troisième bras !

Cerveau en surchauffe

Outre la déprime, la grande ennemie du sport-addict qui n'a plus ses activités favorites pour se défouler physiquement et nerveusement est l'irritabilité. Les points évoqués depuis le début de cette section justifient déjà, à eux seuls, d'avoir les nerfs en pelote. Pourtant, d'autres éléments s'y ajoutent, et combinés à la fatigue engendrée par la douleur et le manque de sommeil, ils m'ont donné bien des fois envie de me taper la tête contre les murs – même si je ne suis jamais allée jusqu'à cette extrémité !

Le plus pénible était ce rappel constant que j'étais cassée. Certes, quelquefois, très concentrée sur mon travail, j'oubliais ma fracture du bassin ou du fémur pendant plusieurs dizaines de minutes. Seulement, au moment de me lever, la vision des béquilles me renvoyait à l'enfer de la réalité. Et le reste du temps, chaque geste me confrontait à la gêne du handicap, m'irritant de plus en plus.

Un exemple tout simple qui m'avait exaspérée au plus haut point et illustre bien à quel point mes nerfs étaient en vrac : un jour, en fin de journée, je décide de m'offrir une petite pause en mangeant un yaourt avec de la confiture tranquillement installée dans le canapé. En clopinant sur une seule jambe avec mes deux béquilles, je vais dans la cuisine.

Première étape : je me mets juste à côté du réfrigérateur, pose une béquille, ouvre la porte, saisis un yaourt que je mets dans ma poche – car je ne suis toujours pas devenue une pieuvre à huit bras… – et ferme la porte du réfrigérateur. Deuxième étape : je reprends ma béquille pour aller jusqu'au placard – car bien sûr, je n'ai pas le droit de sautiller sur ma jambe valide en raison de la fracture –, pose ma béquille, ouvre la porte, prends le pot de confiture que je mets dans une deuxième poche – quelle chance d'être une sport-addict également adepte de la marche, car rien ne vaut un pantalon ou une veste de randonneur multipoches quand on a deux béquilles ! – et ferme la porte du placard. Troisième étape : je reprends ma béquille – qui, par bonheur, n'est pas tombée entretemps –, rejoins le salon, m'assieds dans le canapé, pose enfin mes deux béquilles, sors mon yaourt et la confiture de mes poches pour m'offrir quelques instants de réconfort et m'aperçois soudain – avez-vous deviné ? – que j'ai oublié la petite cuillère ! Eh bien, j'ai mangé avec le doigt tellement j'en avais marre ! Si la lecture de cette anecdote prête assurément à sourire, imaginez quand ce genre de situations se répète quotidiennement.

Le temps passant, je supportais aussi de moins en moins les béquilles qui tombaient parce que je les avais mal posées ou appuyées. À la fin, le seul bruit qu'elles faisaient en heurtant le sol m'exaspérait.

Combien de fois ai-je eu envie de les envoyer valser !

En 2013, pas de béquille, mais impossible d'oublier un instant ma fracture du coude avec un plâtre que j'avais en permanence sous les yeux, comme s'il me narguait. Avec un seul bras valide, la plupart des gestes basiques que l'on fait habituellement machinalement des tas de fois dans une journée deviennent particulièrement compliqués : par exemple, essayez d'ouvrir une bouteille, d'éplucher une carotte ou de fermer un bouton de pantalon en gardant un bras dans le dos... Pas évident, n'est-ce pas ? Et maintenant, dites-vous que cela va durer non pas 24 heures, ni même trois jours ou une semaine, mais quarante-cinq jours...

Cet accident reste toutefois celui qui a été le moins éprouvant, car j'avais au moins l'avantage de pouvoir marcher et sortir librement pour me défouler un peu, m'oxygéner et échapper à la sensation d'emprisonnement total. Par chance, aussi, je m'étais fracturé le coude gauche alors que je suis droitière, et les deux dernières phalanges de ma main gauche n'était pas plâtrées. On frôlait le bonheur !

Parmi les autres frustrations quotidiennes, l'habillement figure en bonne place. N'espérez pas porter ce dont vous avez envie quand vous avez une jambe ou un bras cassé ! Il faut choisir des vêtements faciles à mettre et à enlever, avec le plus de poches possible.

Bien que sport-addict, au bout de six semaines, je ne supportais plus d'être systématiquement en pantalon de jogging. Et avec ma fracture du coude, bien sûr, impossible de porter des chaussures à lacets : essayez donc d'en nouer avec une seule main ! Quant à enfiler des chaussettes avec ma fracture du fémur, il m'a fallu attendre plusieurs jours avant d'y parvenir, et encore, l'opération restait périlleuse. Moralité de l'histoire : mieux vaut une fracture en été qu'en hiver, car au moins, vous pouvez porter des nu-pieds sans lacets ni socquettes ! En contrepartie, un plâtre est plus difficile à supporter quand il fait chaud, et ne pas pouvoir se gratter quand cela démange ne contribue pas non plus à détendre des nerfs déjà à vif.

Sans sous-estimer ses difficultés, je pense vraiment qu'une personne qui adore passer des heures devant la télévision ou dont les loisirs sont des activités comme la peinture ou les mots-croisés vit mieux une période d'immobilisation consécutive à une fracture. Car pour moi, me retrouver privée de sport en plein air pendant plus de deux mois alors qu'il constitue ma principale raison de vivre, mon moteur, mon moyen d'évasion, mon « stabilisateur » psychologique, et tant d'autres choses encore, est une véritable torture.

Il faut vraiment être bigorexique pour comprendre ce besoin absolu d'activité physique. Beaucoup de personnes ont cherché à m'aider en me conseillant de regarder un film, d'aller à une expo, de déjeuner avec une copine, etc. Même si elles étaient animées de bonnes intentions, cela me faisait encore plus bouillir intérieurement, car *non*, jamais une séance de cinéma ou un musée ne remplacera deux heures de sport, ni ne me détendra ou défoulera autant. Jamais !

Dans la mesure où je vis seule, les gestes du quotidien se révèlent d'autant plus difficiles, mais j'ai choisi ma vie et je l'assume. Certes, quelqu'un qui m'aiderait à m'habiller comme je le souhaite ou, au moment des repas, m'éviterait dix allers-retours avec mes béquilles entre la table et les placards ou le réfrigérateur serait appréciable. Toutefois, habituée comme je le suis à mon célibat et mon indépendance, cohabiter 24 heures sur 24 même avec quelqu'un que j'apprécie beaucoup m'obligerait aussi à de nombreux compromis et une promiscuité qui, rapidement, accentueraient mon agacement. D'ailleurs, à chacun de mes accidents, bien des gens m'ont conseillé d'aller passer une semaine ou plus chez maman, mais cela serait devenu insupportable au bout de trois jours pour elle comme pour moi, et sur ce point, nous sommes bien d'accord toutes les deux !

Peut-être certains d'entre vous se demandent-ils pourquoi moi qui me suis vantée d'avoir des ami(e)s en or au vélo et à l'aviron n'en parle même pas ici. C'était le moment ou jamais de m'aider, non ? J'ai effectivement reçu des propositions de toutes parts, y compris de gens que je n'imaginais pas, pour faire mes courses, mon marché, etc. Cela m'a beaucoup touchée et soutenue moralement...

mais pratiquement jamais je n'ai réussi à accepter, tellement je craignais de les ennuyer avec mes difficultés.

Les très rares fois où j'ai cédé – elles se comptent sur les doigts d'une main –, c'est parce que je me sentais totalement au pied du mur et que ma santé était en jeu. Ce fut notamment le cas le jour de mon retour à la maison en 2019. Lorsque 18 h est arrivé, je n'avais toujours pas trouvé d'infirmière pour cette satanée injection quotidienne d'anticoagulant, et je commençais à m'autopersuader de me piquer moi-même quand, ô miracle, une amie médecin m'a appelée pour prendre de mes nouvelles. Dès qu'elle a été au courant de ma situation, elle m'a proposé de venir me faire la piqûre après sa journée à l'hôpital. J'ai refusé une première fois, puis une deuxième… peut-être même une troisième. Mais finalement, malgré mon énorme culpabilité à faire venir ma copine pour un geste si rapide – qu'a fortiori, j'aurais pu effectuer seule si j'avais été un peu plus courageuse – après une journée de travail déjà longue et chargée, je me suis résolue à accepter. J'étais sûre que la piqûre serait réussie, et en plus, je verrais une amie toujours souriante et dynamique. Elle a vraiment été extra, d'abord par sa proposition, évidemment, mais aussi parce qu'elle savait qu'il fallait insister au maximum pour que j'accepte.

Tous vous le diront : je suis la première à aider les autres quand ils en ont besoin. Dans le sens inverse, en revanche, vous voyez jusqu'à quelle extrémité je dois en être réduite pour profiter de leurs services ! Chacun a déjà bien assez de ses propres préoccupations et ennuis ; je ne supporte pas de déranger les ami(e)s avec les miens.

Il n'empêche qu'au final, le poids à porter était très lourd pour mes frêles épaules, a fortiori quand elles étaient déjà mobilisées par un plâtre au coude ou deux béquilles ! En 2019, la coupe a débordé : mes nerfs n'étaient plus juste en pelote, j'étais à la tête d'un véritable magasin Phildar !

Depuis plusieurs jours, je me sentais très souvent fébrile, j'avais perdu le sommeil, les maux de crâne se succédaient, toujours plus violents. Comme un fait exprès, juste avant mon accident, notre bateau – car en plus de mon skiff, je suis copropriétaire d'un quatre, c'est-à-dire un bateau long pour quatre rameurs – avait été endommagé. Il fallait donc l'envoyer chez le constructeur pour réparation à Annecy. Même expédier un colis en express à Hong Kong serait plus simple ! Avec un bateau d'aviron, il faut évidemment régler tout l'administratif, puis s'arranger pour trouver une place sur une remorque lors d'un championnat qui a lieu à Annecy ou à proximité, démonter le bateau pour le mettre sur la remorque, etc.

À ce moment-là, je commençais à retrouver la mobilité de ma jambe, mais j'étais loin d'être vraiment rétablie, et comme je vous l'ai dit, nerveusement, tous mes voyants étaient au rouge. Consciencieuse jusqu'au bout, j'ai assuré toutes les démarches pour faire acheminer notre bateau à Annecy. À 11 h, il était sur la remorque, prêt pour le départ. Je suis rentrée chez moi, et quand j'ai voulu me mettre au travail, j'ai cru que mon cerveau allait « disjoncter ». Une crise de panique comme jamais je n'en avais connue, avec impossibilité totale de me raisonner : je me noyais, et cette fois, impossible de me rattraper à ma fidèle bouée de sauvetage du sport.

De l'AVC jusqu'à la tumeur cérébrale, j'ai tout redouté, et forcément, impossible de m'enlever ces idées de la tête. Ne parvenant pas à avoir rendez-vous rapidement chez un médecin, je me suis donc traînée jusqu'à l'hôpital le plus proche avec l'espoir d'être reçue par un docteur. Malheureusement, là non plus, aucune disponibilité. Il ne restait donc qu'une seule alternative possible : les urgences. Je peinais terriblement à tenir debout tant je me sentais faible et avais l'impression d'avoir les jambes en coton – normal pour un magasin de laine… –, mais j'éprouvais une telle culpabilité que je suis ressortie une première fois de l'établissement : je n'allais quand même pas encombrer les urgences pour un petit mal-être psychologique, alors que des gens arrivent avec des membres cassés ou en arrêt cardiaque et ont vraiment besoin de soins immédiats, eux ! Et puis, malgré tout, j'ai abdiqué. Après trois mois de souffrances et de galères gérées seule, j'ai daigné m'accorder quelques minutes de prise en charge, ne serait-ce que pour être rassurée.

Je suis restée tout l'après-midi aux urgences où j'ai passé une batterie de tests qui n'ont rien révélé, ne cessant de m'excuser auprès de chaque personne de les déranger pour rien quand tant d'autres patients étaient vraiment mal en point. Mais tout le personnel a été d'une gentillesse et d'une bienveillance énormes. En sortant, rassurée d'avoir un cœur en super état, des analyses sanguines impeccables et a priori aucune maladie grave, j'allais déjà mieux... Est-il besoin de souligner à quel point le sport est donc indispensable pour mon équilibre mental ?

Pas question de flancher !

Même quand le sort semble s'acharner, que la vie ressemble à une succession d'épreuves et que l'horizon s'annonce bouché pour un certain temps, je refuse de m'avouer vaincue. « Il y a toujours un soleil derrière les nuages », dit un proverbe africain. Alors, même si je dois essuyer beaucoup d'averses, y compris de grêle, je reste fermement décidée à revoir l'astre de feu ! Et qui sait, peut-être aurai-je droit à un arc-en-ciel en prime ?

Positiver, encore et toujours !

À chacun de mes accidents, j'ai tout de suite décidé d'adopter le bon état d'esprit en acceptant la situation, car me lamenter sur mon sort aurait conduit tout droit à l'échec. Autrement dit, à l'annonce du verdict sur la nature de ma blessure et ce qui m'attendait, je n'ai pas commencé par me dire « Je n'y arriverai jamais », mais au contraire « J'en ai au moins pour 3 ou 4 mois – en visant toujours le scénario le plus pessimiste –, alors comment est-ce que je gère ? » Même si cela m'a toujours aussi beaucoup coûté, j'ai systématiquement posé très tôt la question concernant la reprise possible du vélo et de l'aviron, car si je devais être privée à vie de l'un ou l'autre, voire des deux, ou en envisager une pratique différente, autant le savoir tout de suite plutôt que de vivre sur de faux espoirs.

Cet état d'esprit n'est pas le fruit du hasard. Déjà petite, j'avais un tempérament de battante. Ensuite, le sport m'a donné un vrai mental, et les circonstances de la vie ont fait le reste. Mon père s'est battu jusqu'au bout contre son satané cancer et a tout enduré avec courage, alors moi, je n'ai pas le droit de flancher pour une simple fracture réparable et temporaire. Lors de cet automne assassin de 2005, je me suis dit : « Soit je renonce tout de suite et je me "fous en l'air", soit je me bats, et si je survis, je n'aurai plus jamais le droit de baisser les bras, car jamais je ne pourrai connaître pire épreuve. »

2005 m'a aussi fait comprendre combien la vie était courte et précieuse, et que tout pouvait basculer en une fraction de seconde. Même si l'épreuve est difficile et si je suis complètement déprimée, je refuse de flancher et surtout d'envisager le suicide, car personne n'a le droit de se priver volontairement de sa vie quand tant d'autres auraient voulu continuer la leur, mais ont été emportés par la maladie ou autre chose. D'ailleurs, quand quelqu'un me dit en gémissant « ce n'est pas beau de vieillir », j'ai toujours envie de lui sauter à la gorge et réponds qu'au contraire, c'est une chance de vieillir : tant de gens auraient voulu vivre encore plusieurs décennies et n'ont pas pu !

Un schéma immuable

Trois accidents, et quelques années de plus à chaque fois ; pourtant, le schéma semble se répéter éternellement. Au début, j'accepte naturellement l'absence de sport, car elle va de soi : avec deux béquilles ou un plâtre, je sens bien que le corps est incapable de faire du vélo ou de l'aviron, et c'est alors comme si le cerveau inhibait toute envie d'activité physique – rien à voir avec un enfermement contraint quand je suis en pleine capacité de mes moyens, comme lors des confinements de 2020, ou qu'il faut attendre un livreur une demi-journée !

D'ailleurs, j'ai eu beaucoup plus de mal à supporter la période de rééducation qui a suivi ma fracture du coude, car j'avais mes deux jambes et mes deux bras libres, dont un opérationnel à plus de 50 %, et par chance, quasiment aucune douleur. Le cerveau ne jouait donc pas le rôle d'inhibiteur, et j'avais l'impression d'avoir les capacités pour une vraie activité... jusqu'à ce que je tente une extension complète du bras et me heurte ainsi à la preuve du contraire.

À chaque accident, dès que je me suis retrouvée seule dans mon appartement, j'ai dû réfléchir à la manière dont j'allais m'organiser et commencer aussitôt à agir en fonction. Ensuite, évidemment, il m'a fallu apprendre à gérer tous les gestes du quotidien avec une jambe ou un coude immobilisé et m'occuper de toutes les démarches administratives, avec leur lot de frustrations (ne songez même pas à obtenir un arrêt de travail quand vous êtes auteur !).

J'ai aussi dû apprendre à apprivoiser une autre échelle du temps, car la moindre action normalement accomplie en quelques instants me prenait maintenant au moins plusieurs minutes. Avec un fémur en vrac, même s'asseoir sur une chaise requiert mille précautions. Dans ce genre de situations qui se répètent perpétuellement, être sportive aide énormément, car j'ai à la fois les muscles et la souplesse nécessaires pour me reposer sur ma jambe valide et la solliciter beaucoup. Même chose pour les bras sur lesquels je peux compter pour me hisser sur mes béquilles, lorsqu'il faut m'extraire du canapé moelleux !

Passer le cap de la moitié du délai « officiel » de béquilles ou plâtre redonne un petit élan psychologique, car inconsciemment, on se dit que le pire est derrière soi. Seulement, à cause de l'usure, la lassitude et la fatigue nerveuse, les dernières semaines m'ont souvent paru aussi très difficiles et interminables.

Néanmoins, j'ai toujours respecté scrupuleusement les indications et délais donnés par les médecins. Même quand je mourais d'envie de balancer mes béquilles – et c'est arrivé souvent ! –, je n'ai jamais posé le pied au sol avant les 45 jours d'interdiction d'appui. Peut-être aurais-je gagné une semaine de « liberté » à ce moment-là, mais par la suite, elle m'aurait coûté le prix fort en m'exposant à toutes sortes de séquelles et à de l'arthrose précoce. Actuellement, même sans avoir commis la moindre imprudence pendant ma convalescence, je ressens ma jambe absolument tous les jours, et je n'ai toujours pas récupéré l'extension complète de la hanche ni du genou : c'est déjà bien cher payé !

Ne pas céder au découragement

Chaque période post-accident a été une succession de hauts et de bas, et sans aller jusqu'au découragement complet, j'ai traversé des moments où toute ma motivation a pourtant failli s'effondrer comme un château de cartes. Curieusement, le pire n'a pas forcément été celui où le médecin m'a annoncé les fameuses six semaines d'immobilisation et au moins deux mois de rééducation. Pourtant, à mon échelle de bigorexique, c'était comme s'il avait renvoyé la date de reprise de mes activités sportives aux calendes grecques !

En réalité, tous accidents confondus, deux moments ont été particulièrement difficiles. Le plus violent psychologiquement a été ma première radio de contrôle en 2019, quand j'ai vu à l'écran le clou en titane de 18 cm dans mon fémur, tenu en place par deux vis : c'est une chose de lire le descriptif de cet appareillage dans le compte-rendu opératoire, mais c'en est une autre d'avoir l'image devant les yeux… Imaginez ce que représentent 18 cm : quasiment les doubles-décimètres dont nous nous servions à l'école – du moins les gens de ma génération !

Cette vision m'a suivie longtemps, car j'ai mis près d'un an et demi à me réapproprier ma jambe psychologiquement. Pendant des mois et des mois, j'ai vécu avec l'impression d'avoir « ma jambe et une jambe », mais pas « deux jambes ». La vision de ce long corps étranger de 18 cm et de ces deux vis à l'intérieur de moi revenait sans cesse. Aujourd'hui, l'image s'est estompée, et je prends bien soin de ne pas regarder les radios, mais j'ai conservé une cicatrice qui me rappelle chaque jour la présence de cet appareillage.

Le second choc totalement décourageant, autant en 2005 qu'en 2019, a été le moment où j'ai récupéré l'appui et donc enfin pu réutiliser ma deuxième jambe. Sportive comme je suis, je pensais bêtement que je me remettrais en marche le plus naturellement du monde. Erreur ! Grossière erreur ! Autant j'avais intégré dès le départ que reprendre le vélo et l'aviron serait un parcours long, difficile et douloureux, autant je n'avais pas imaginé un instant que mon cerveau m'empêcherait de mettre un pied devant l'autre.

Outre le manque de confiance en moi et la crainte de tomber, j'ai dû me rendre à l'évidence que ma jambe s'était terriblement affaiblie. Même si je suis légère, elle s'était laissée porter pendant 45 jours, et voilà que subitement, je lui demandais de remettre muscles, tendons et articulations en route, avec de surcroît quelques dizaines de kilos dessus. Normal qu'elle rechigne un peu au début ! Sans compter qu'il fallait retrouver une posture droite après avoir avancé six semaines appuyée sur mes béquilles.

Par chance, néanmoins, en 2005, j'ai récupéré ma capacité de marche assez vite. En revanche, en 2019, cela a déclenché quasi immédiatement une sciatique qui a duré pendant près de quinze jours, et il m'a fallu deux mois avant de marcher sans boîter. Pour cela, absolument tous les jours, je me suis astreinte à monter et descendre un maximum d'escaliers, car de l'avis de ma kiné comme de mon ostéopathe, cela m'aiderait à me remuscler et à décongestionner ma hanche. Par ailleurs, cela m'évitait de penser à chaque pas à la manière de poser mon pied au sol. Au fil des jours, néanmoins, c'est devenu de plus en plus difficile moralement :

outre le ras le bol qui s'installait, nous n'étions pas à Cannes, et je me disais que les habitants de ma résidence devaient me prendre pour une folle à me voir faire toutes ces montées de marches !

Actuellement, je n'ai toujours pas récupéré l'usage de ma jambe à 100 %, et pratiquement pas un jour ne passe sans qu'elle ne me fasse mal à un moment ou un autre. Cela ne m'empêche pas de vivre, loin de là, mais c'est extrêmement minant quand on est sportive et perfectionniste comme moi. J'aimerais tellement qu'il y ait un délai de prescription au bout duquel le corps me dise : « C'est bon, tu as assez souffert et fait suffisamment d'efforts : je ne t'embête plus et redeviens 100 % opérationnelle, comme neuve. » Mais non !

Loin de là, d'ailleurs, car le réapprentissage de la marche n'est qu'une première étape : la deuxième, également, en l'occurrence courir, provoque un gros découragement. Pourtant, ce mouvement paraît si simple et naturel, lui aussi ! Et je ne parle même pas de courir 30 minutes, ou juste 10. Non ! Seulement trottiner quelques mètres. Un jeu d'enfant, n'est-ce pas ? Eh bien non : plutôt un réel supplice !

D'abord, j'ai dû asticoter mon cerveau pour qu'il refoule la peur d'essayer, et une fois l'animal dompté, les sensations ont été terribles : en 2005 comme en 2019, cela a été comme si j'avais grossi de 10 kg d'un coup et avais à la place de ma jambe un système mécanique, totalement rouillé, qui n'avait pas été lubrifié depuis des années. Pas brillant, pour une sport-addict ! Cinq-cents mètres à trottiner lourdement, et j'étais épuisée. Comment mon corps avait-il pu oublier à ce point des mouvements aussi basiques ? Quelle frustration et quelle honte de me traîner de la sorte comme si j'étais obèse ou centenaire !

Rien n'est simple, vraiment, dans la rééducation d'un membre cassé, et à chaque fois, j'ai dû m'armer d'une patience et d'une ténacité sans limites. Dans le cas du coude, je me rappelle combien il m'a été difficile de récupérer les derniers centimètres d'extension : que c'est décourageant pour une cycliste-rameuse ! Car tant que je ne pouvais pas tendre complètement le bras, je n'avais pas une maîtrise totale de la direction en vélo et étais incapable de faire correctement le geste de l'aviron.

Pendant les mois qui ont suivi mes accidents, mon moral de sport-addict a donc randonné sur les montagnes russes. Même hypermotivée et passionnée d'aviron, au fil des semaines, j'étais de moins en moins enthousiaste en me rendant au club pour faire ma séance quotidienne de rameur : que certaines heures m'ont paru longues ! Et bien des fois, même dans un petit endroit sympa du bois de Vincennes, mes séries d'étirements m'ont semblé interminables. Néanmoins, j'ai toujours continué d'avancer pour regagner le sommet, car c'est bien de là que la vie est la plus belle !

Puiser dans toutes mes ressources

Question essentielle s'il en est : concrètement, comment tenir quand je passe brusquement de plusieurs heures de sport quotidiennes en extérieur et souvent avec les amis au néant ?

Papa avait à peine 61 ans quand il nous a quittés. La douleur de la perte et de l'injustice est encore si béante aujourd'hui qu'elle me donne une force de vie et une énergie extraordinaires : puisque mon père n'a pas eu la chance de vivre pleinement sa vie, je veux vivre pour deux et être au moins aussi forte qu'il l'a été. Je ne sais pas si j'y parviendrai, mais cela m'a réellement boostée pour me rétablir après mes accidents.

Mon autre moteur pour tenir bon a été… devinez… mon addiction au sport ! J'ai eu la chance de toujours pouvoir envisager une reprise à plus ou moins long terme de l'aviron et du vélo ; donc clairement, dès le départ, mon objectif a été de me rétablir au plus vite. D'ailleurs, en 2005, comme les séances de kiné avaient lieu au cabinet du praticien et non à mon domicile, j'en ai choisi un avec une salle de remise en forme ; du coup, très vite, j'ai pu passer la moitié de mes séances sur le rameur ou le home-trainer !

Néanmoins, je le répète, car ce n'est pas le cas d'autres bigorexiques que je connais : je n'ai jamais commis d'imprudence au cours de mon immobilisation ni de ma rééducation. J'ai toujours été très à l'écoute des prescriptions médicales, de mon kiné et, pour une fois, de mon corps. L'avantage d'être sportive est que je le connais extrêmement bien, ce corps que je surexploite tellement quand je suis valide, et je sens jusqu'où je peux aller. Si je pense que c'est trop tôt ou qu'il y a un risque, je patiente encore. Par exemple, avant de remonter en bateau, j'ai attendu le week-end où j'ai senti que j'étais vraiment prête ; le précédent, je pensais déjà ramer, mais le vendredi, j'avais encore un petit doute sur la phase d'embarquement, alors plutôt que de tout gâcher par une reprise prématurée, j'ai rongé mon frein une semaine de plus pour n'avoir rien à regretter.

Hormis ces motivations psychologiques, concrètement, pour supporter ces périodes d'immobilisation prolongées, je me suis investie à 200 % dans mon travail. Lors de mes courts séjours à l'hôpital où je suis arrivée sans aucune affaire, puisque je suis passée directement de la case vélo à la case urgences et chambre aseptisée, mon ordinateur figurait sur la liste des indispensables que j'ai demandé aux copines de me rapporter, au même titre que ma brosse à dents ! Bien sûr, je tenais absolument à respecter mes engagements auprès de mes éditeurs, mais au-delà de ma conscience professionnelle, me concentrer sur mon travail me permettait d'oublier autant que faire se peut ma situation – pas forcément évident, néanmoins, quand il s'agit de saisir ou de faire des retouches photo avec un coude plâtré…

Pour me donner tous les moyens de m'en sortir, j'ai aussi dérogé à certains de mes principes, bien à contrecœur, mais qui veut la fin veut les moyens. Ainsi, privée de forêt et de la Marne, j'ai passé un nombre incalculable d'heures à traduire dehors, dans les jardins de la résidence : moi qui ai horreur de m'asseoir sur un banc au vu de tous en temps normal !

De même, alors que je déteste imprimer tant cela va à l'encontre de mes convictions écologiques, je l'ai beaucoup fait en 2019, afin de pouvoir relire sur papier et limiter ainsi le nombre d'heures d'écran imposées à mes yeux. Car lors des périodes post-accident, l'un des grands écueils à éviter est une blessure tierce. La fatigue oculaire est un exemple, mais je pourrais aussi citer les violentes douleurs que l'utilisation prolongée de béquilles engendre dans les épaules et les poignets, même pour un poids plume comme moi.

Lors de mes trois accidents, pour souffrir le moins possible de privation d'activité physique en extérieur, j'ai aussi fait tous mes étirements et mouvements de rééducation dehors dès que j'ai pu me déplacer assez. Et cette fois, j'ai choisi un endroit bien caché des regards ! Retrouver au maximum tout ce qui me tient debout en temps normal pour pouvoir me relever et me redresser pendant que je suis cassée, tel a toujours été mon credo.

Sortir des griffes de l'angoisse

Malgré mes 18 cm de clou et la visserie associée, je ne suis pas devenue une femme titanesque. Je ne sais si c'est à cause de l'âge, de la nature de la fracture, de la douleur aigüe omniprésente ou du fait de devoir supporter une troisième fois l'hôpital, l'immobilisation, les piqûres et la rééducation, mais mon troisième accident a été, de loin, le plus pénible à supporter et le plus difficile à surmonter. À deux reprises, je n'ai plus pu faire face toute seule psychologiquement. Ne voulant absolument pas embêter ni déranger mes ami(e)s, je me suis donc tournée vers le corps médical.

J'ai déjà évoqué la première fois un peu plus tôt. L'angoisse m'avait à ce point submergée que, malgré ma culpabilité, je m'étais rendue aux urgences pour avoir un diagnostic. Cela m'avait rassurée de savoir que la machine était en très bon état, et que seul le centre de commandes était en surchauffe. J'avais bu la tasse, mais l'angoisse ne m'avait pas noyée.

Pour autant, ce n'était qu'une première vague, et la deuxième est arrivée très vite, prenant chaque jour un peu plus de volume et de force. Dès le début, à chaque fois que je sortais de chez moi, la moindre voiture me faisait peur, a fortiori en présence d'un virage. J'avais toujours l'impression qu'elle allait glisser comme je l'avais fait. Longtemps, j'ai évité les situations où je me serais trouvée à pied sur le trottoir dans l'extérieur d'une courbe quand un véhicule, un motard ou un cycliste arrivait, a fortiori si la chaussée était mouillée : j'attendais qu'il soit passé.

Lorsque j'ai repris l'aviron, par sécurité, je ne sortais qu'en bateau collectif : pas question de me retrouver seule sur mon skiff au milieu de la Marne avec une jambe qui ne répond plus ! Seulement, cette sécurité avait une contrepartie : je n'avais pas la maîtrise de la direction et devais donc faire confiance à mes coéquipiers.

Les premières sorties sur l'eau se sont extrêmement bien passées, mais peu à peu, j'ai senti qu'à chacune d'elles, j'avais de plus en plus peur quand nous approchions trop près de la berge ou d'un autre bateau. Jusqu'au jour où l'angoisse a commencé à me gâcher mon plus grand plaisir. Option totalement inenvisageable : celui qui voudra me priver d'aviron devra au moins me ligoter et me mettre dans une camisole, et encore, je suis sûre que je parviendrai à me libérer ! À ce moment-là, de surcroît, je n'avais toujours pas repris le vélo et pensais que je ne remontrais jamais dessus par manque d'envie – alors qu'avec le recul, cette désaffection était, en réalité, une traduction déguisée de ma peur inconsciente. L'angoisse a donc bien failli avoir raison de moi, mais elle ne savait pas à qui elle s'attaquait !

D'après ce que j'avais lu et entendu, l'hypnothérapie pouvait m'extirper des serres acérées de ma peur incontrôlée en une ou deux séances. Avec mon esprit cartésien, j'étais évidemment sceptique, mais néanmoins prête à tout pour ne pas me retrouver privée de mon âme, et je vous ai dit combien j'étais réfractaire et opposée aux médicaments, surtout de type anxiolytiques ! J'ai donc consulté un hypnothérapeute en décidant de lui faire entièrement confiance, sans quoi j'entamais assurément les chances de réussite.

Miraculeux. Il n'y a pas d'autre mot. Je ne sais pas sur quel bouton de mon cerveau l'hypnothérapeute a appuyé, mais j'ai rapidement retrouvé une grande confiance en bateau. Plus étonnant encore, deux jours après la séance, j'ai commencé à avoir envie de remonter sur mon vélo, et deux semaines après, je refaisais mes premiers kilomètres ! Cela a fait naître d'autres peurs, évidemment. Celle de la chute, forcément, mais aussi celle de rouler sur une chaussée mouillée ou de prendre un virage, ainsi que celle de m'éloigner trop de chez moi.

Ces craintes n'ont toujours pas totalement disparu aujourd'hui, mais je suis convaincue qu'elles tiennent aux circonstances de l'accident. La plaque de gasoil sur la route à peine humide n'était absolument pas visible, et je roulais vraiment lentement au moment de prendre ce virage. Pourtant, la fracture a été très grave. Par chance, l'accident s'est produit à proximité de mon club d'aviron et pas très loin de chez moi. J'ai donc pu appeler mes meilleurs amis rameurs, qui sont arrivés juste après les pompiers, et j'ai été emmenée immédiatement dans un hôpital parisien. Mais que ce serait-il passé si j'avais été à 30 ou 40 km de mon domicile ? J'y pense systématiquement quand je pars en vélo sur les bords de Marne, par exemple, et il m'arrive encore de faire demi-tour plus tôt que prévu à cause de la crainte de chuter loin de chez moi.

Néanmoins, la peur la plus prononcée à l'heure actuelle reste celle de me casser une nouvelle fois. Quelle que soit la situation, même non sportive, je suis toujours aux aguets de la moindre chose ou personne susceptible de constituer une menace. Mais autant être trop vigilante et trop prudente que pas assez !

Autre conséquence durable de mes accidents : je ne peux toujours pas entendre une sirène d'ambulance ou de pompiers sans avoir un pincement et replonger quelques secondes en 2005 ou 2018. Il m'arrive encore régulièrement de ressentir la sensation terrible d'étau quand je me suis retrouvée allongée dans le matelas-coquille des pompiers, destiné à m'immobiliser complètement.

Faut-il donc que je sois bigrement sport-addict pour ne pas décider de troquer le vélo contre la guitare ou le patchwork ? Néanmoins, vous verrez dans la quatrième et dernière partie de ce livre qu'à la suite de ces accidents, je suis tout de même devenue une bigorexique plus « raisonnable ». À quelque chose malheur est bon !

PARTIE 4

De l'addiction au plaisir : retour à la raison et à la passion

Nous voici bientôt arrivés à la fin de ce livre, et malgré tous les aspects négatifs que j'ai pu vous révéler sur la bigorexie, j'entends bien terminer sur une note positive. En effet, si mon addiction m'a emprisonnée au point d'engendrer trois accidents graves, chacun de ceux-ci m'a fait progresser un peu sur la voie de la raison. Attention ! Pas de miracle non plus : je ne suis aucunement sevrée. D'ailleurs, je m'en sens totalement incapable et n'éprouve absolument pas le besoin de me défaire de ma bigorexie.

Est-il besoin de rappeler pourquoi ? Le sport est la seule chose qui me détende, défoule et divertisse autant, et qui me permette d'oublier la femme peu sûre d'elle que je suis – car malgré plus de 30 ans de bigorexie, je doute toujours autant de moi dans ma vie privée et professionnelle et ai toujours autant de mal avec ma féminité.

Néanmoins, suite à mes accidents et l'âge aidant, j'ai enfin abandonné certains comportements extrêmes et réintégré pleinement la notion de plaisir, que la dépendance avait en partie supplantée. Je reviendrai en détail sur cette conclusion optimiste, mais surtout, je vous livrerai un maximum de conseils tirés de mon expérience personnelle pour que d'autres sport-addicts puissent bénéficier de mes erreurs et mettre un frein à leur bigorexie avant qu'elle ne les broie.

« Certains croient que tenir bon nous rend plus fort, mais parfois, le plus dur est de lâcher prise », disait Hermann Hesse. J'adhère totalement à cette philosophie et espère donc vraiment que mon témoignage et mes conseils pourront vous aider à faire marche arrière sans culpabiliser si vous êtes sport-addict, ou vous permettre d'amener un proche bigorexique à opérer ce changement de cap salvateur.

Un mal pour tant de bien

Chacun de mes accidents a été très difficile à surmonter. J'y suis parvenue, mais ce n'est pas de cela dont je suis fière : ma vraie victoire est d'en avoir tiré des enseignements. Souffrir pour souffrir et me vanter d'avoir tout enduré malgré la douleur n'aurait aucune espèce d'intérêt. L'important est d'utiliser ces périodes de mise à l'épreuve comme tremplin vers autre chose, vers du meilleur. Si j'ai été capable de supporter la souffrance, l'immobilisation, les frustrations, la privation, c'est que j'ai en moi beaucoup de courage, de force et d'envie de vivre : bravo, mais ce qu'il faut, c'est exploiter intelligemment ces atouts et ne pas les remettre au service de ma bigorexie et mon autodestruction sitôt la rééducation terminée.

Enfin un comportement intelligent !

Bien sûr, dans la mesure où la bigorexie reste une addiction, parler de « comportement intelligent » est tout relatif. C'est un peu comme si un fumeur passait d'un paquet par jour à cinq cigarettes quotidiennes ou si un alcoolique abandonnait la vodka pour la bière : certes, il réduirait un peu le danger, mais celui-ci serait loin d'être écarté.

Je continue donc de faire beaucoup de sport à un rythme quasi quotidien – ou au moins 363 jours sur 365... ! – et d'organiser l'essentiel de mon planning autour de mes séances de vélo, d'aviron ou de marche. Néanmoins, j'ai un peu réduit le nombre d'heures et surtout abandonné totalement certains comportements à risques.

Le principal, sans doute, est de ne plus jamais téléphoner quand je roule à vélo. Si mon mobile sonne, soit je m'arrête pour répondre, soit je me dis que je rappellerai plus tard. J'ai été esclave de mon téléphone pendant des années, mais ce temps est désormais révolu. Le monde ne s'arrête pas de tourner parce que je rate ou diffère un appel. En revanche, je vis mieux, et même beaucoup mieux !

Malgré tout, je conseille à tous les sport-addicts de garder leur mobile avec eux, car nous ne sommes jamais à l'abri d'un accident, et le téléphone devient alors un secours inestimable. J'emmène toujours le mien, souvent en le basculant en mode silencieux pour profiter pleinement de ma pause sportive. Peut-être suis-je trop prudente ou trop anxieuse – en même temps, trois accidents laissent forcément des traces... –, mais je ne le coupe jamais complètement, au cas où je ferais une chute grave et n'aurais pas assez de lucidité pour le rallumer et me souvenir du code de sécurité.

Une fois rétablie de mon premier accident, j'ai aussi cessé d'écouter de la musique ou la radio en faisant du vélo. Pourtant, je n'avais pas mon MP3 quand j'ai été renversée, et j'ai d'ailleurs parfaitement entendu que le moteur de la voiture ne baissait pas de régime. Je n'ai pas changé de trajectoire, car jusqu'au dernier moment, j'ai bêtement cru que le chauffard allait piler. Quoi qu'il en soit, cela a peut-être été la preuve ultime de l'importance de garder sa pleine capacité auditive quand on roule. Par ailleurs, à partir du moment où l'on écoute de la musique ou la radio, celle-ci accapare une partie de notre attention : certes, cela reste moins invasif qu'une conversation téléphonique, mais cela augmente tout de même les temps de réflexe et donc le risque de chute en cas d'obstacle imprévu. Sans parler des moments où l'on change de playlist ou de station !

Autre comportement irresponsable abandonné dès mon premier accident : faire ma séance de sport même dans une situation potentiellement dangereuse. L'exemple le plus parlant est sans doute de ne plus sortir mon vélo quand il y a un risque de verglas. Cela paraît frappé au coin du bon sens. Pourtant, il m'est arrivé plusieurs fois de rouler en espérant à chaque coup de pédale ne pas arriver sur un endroit où le sol aurait gelé. Pire, en rentrant chez moi à la fin de la séance, je me félicitais d'être allée rouler quand même, puisque je n'avais pas glissé. Que j'étais stupide ! Qu'est-ce qu'une séance ratée à l'échelle d'une vie ? Que représentent 3 heures de vélo en moins si, à m'obstiner à vouloir les faire, je me retrouve privée de sport pendant plusieurs semaines ou plusieurs mois ? Et franchement, où était le plaisir pendant que je parcourais des dizaines de kilomètres crispée par la peur de tomber ?

Il m'aura fallu une fracture du bassin et la rééducation qui s'en est suivie pour mesurer réellement combien rater une séance de vélo était dérisoire par rapport au risque encouru en cas de chute grave. Maintenant, dès que la météo annonce des gelées matinales, je troque mon VTT contre les baskets. Si la température reste finalement positive, je suis quand même contente d'avoir joué la carte de la prudence. Et si la route blanchit effectivement au petit matin, je suis d'autant plus satisfaite et mesure les progrès accomplis par rapport à mes comportements initiaux, car malgré les conditions, je vois quand même systématiquement des ami(e)s qui roulent et sont capables de me dire : « Ça glisse par endroits, mais ce n'est pas méchant. » Chacun son point de vue… Le mien a changé, et heureusement ! Cela étant, je n'ai pas non plus révolutionné ma manière d'être : quand je ne fais que marcher le matin, il faut absolument que je monte sur mon vélo l'après-midi ou, à défaut, que je me défoule sur un rameur en salle ou sur mon home-trainer.

Le dernier comportement absurde que j'ai abandonné menaçait directement ma santé, mais là aussi, il m'aura fallu un électrochoc pour retrouver le droit chemin. En juillet 2020, j'avais tellement maigri que j'étais totalement épuisée physiquement. Je partais rouler déjà fatiguée, et pendant toute la séance, deux petites voix intérieures ne cessaient de se donner la réplique : celle de la sagesse me répétait de rentrer me reposer, tandis que celle de l'addiction lui rétorquait que je n'étais pas une demi-portion et n'allais quand même pas écourter à cause d'un petit coup de mou. Sauf qu'à partir du moment où le corps n'a plus une once d'énergie et avance uniquement sous l'impulsion nerveuse, le cerveau se retrouve à court de ressources psychiques.

Or à cette période, j'avais beaucoup de préoccupations et d'inquiétudes, auxquelles s'ajoutait le climat anxiogène de la Covid. Je dormais donc peu et mal. Toutes les planètes étaient alignées pour faire de moi une énième victime de la mode, mais une mode peu enviable : celle du burn out. Même la simple idée de monter sur mon VTT me fatiguait !

Me voyant au bord de la rupture et probablement d'un séjour en hôpital ou dans un centre spécialisé, j'ai opéré un virage à 180°. J'ai appris et me suis forcée à me reposer. Bien sûr, cela reste relatif, car un bigorexique a perdu tout sens des valeurs. Ainsi, ce que je considère comme ne rien faire – 1 heure de vélo ou 2 heures de marche, par exemple – correspond à une activité déjà importante pour beaucoup de gens. Mais bon, pour moi, cela représentait une baisse de régime drastique. Parallèlement, j'ai aussi décidé de manger davantage – tout en restant dans les produits sains pour les sportifs : pas question de me mettre à avaler des frites, manger un confit de canard ou bouloter des cookies ! Sous l'effet combiné de ces deux révolutions personnelles, mon organisme épuisé a peu à peu recouvré des forces, et au bout de quelques semaines, je me suis sentie beaucoup plus solide psychologiquement et légère moralement.

Depuis, donc, je ne vais plus sciemment à l'épuisement. J'ai toujours été très à l'écoute de mon corps, mais avant, j'entendais ce qu'il me disait sans en tenir compte. Maintenant, je ne fais plus la sourde oreille : quand je sens que mon organisme est réellement fatigué ou qu'il a vraiment besoin de carburant, j'agis en conséquence. Attention ! je ne suis pas non plus tombée dans l'excès inverse en m'arrêtant ou en mangeant dès que j'ai un léger coup de mou ou que l'estomac me chatouille. Mais au moins, lorsque je sens que je me traîne vraiment sur mon vélo, je ne m'impose pas une séance ou une heure de plus. Et si j'ai réellement le ventre vide – je ne parle pas d'une envie de gâteau ou de glace, car de toute façon, je n'aime pas cela, mais d'une véritable faim qui ferait avaler une quiche aux poireaux ou une brandade de morue à 9 h du matin –, je ne me contente pas de boire un verre d'eau en me disant que cela va passer et que l'on verra plus tard...

Après cette dernière alerte, j'ai rectifié ma pratique sportive, mais elle reste quotidienne : on ne se refait pas complètement ! Seulement, maintenant, je prends soin d'alimenter assez la machine et de ne pas mettre le moteur dans le rouge. Si je reste une bigorexique, je deviens quand même de plus en plus raisonnable. C'est déjà un joli progrès, n'est-ce pas ? (Je m'envoie quelques fleurs, car ces évolutions sont terriblement difficiles pour moi à mettre en place : c'est un système psychologique ancré depuis plus de 30 ans qu'il faut changer...)

Des cassures pour de nouveaux liens amicaux

D'un point de vue humain, mes accidents m'ont permis de découvrir des gens exceptionnels et de nouer des amitiés extrêmement fortes, surtout au sein de mon club d'aviron. Lors du troisième, un grand nombre de rameurs/ses se sont proposé(e)s pour m'aider et, surtout, ont pris de mes nouvelles très régulièrement jusqu'au bout. Cela m'a beaucoup touchée et aidée moralement, car d'habitude, tout le monde se manifeste les deux premières semaines, et ensuite, loin des yeux, loin de la pensée : les appels téléphoniques, courriels et textos s'espacent de plus en plus, et au bout d'un mois, le silence devient quasi assourdissant.

Évidemment, a contrario, mes accidents m'ont confrontée aussi à quelques désillusions bien amères. Certaines personnes, y compris parmi celles qui n'hésitent jamais à me solliciter en cas de besoin, n'ont pris aucune nouvelle. Classique ! Mais je ne rumine surtout pas, ces hypocrites égoïstes n'en valent pas la peine. En revanche, même si je suis profondément gentille et altruiste, le jour où ils auront besoin de moi, je saurai oublier ma serviabilité légendaire et le ferai « l'air de rien », en restant tout ce qu'il y a de plus polie. C'est vraiment jouissif quand cela arrive…

Dans ma résidence, pas mal de personnes avec lesquelles j'étais en très bons termes, sans que nous nous connaissions beaucoup pour autant – j'étais la cycliste accro, souriante et serviable, rien de plus –, m'ont, elles aussi, proposé leurs services dès qu'elles ont su que j'étais accidentée. Cela n'a l'air de rien, mais même si je n'ai quasiment jamais sollicité aucun(e) ami(e) ni voisin(e), savoir que j'avais des gens sur qui compter en cas de problème était vital pour moi. Étant dans l'incapacité totale de me déplacer, je me raccrochais à cette bouée que si vraiment, je ne pouvais pas faire face toute seule, je pouvais appeler untel ou untel, et il viendrait.

Cela a tout particulièrement joué la première nuit chez moi après mon accident de 2018. À 1 h du matin, je me suis réveillée brusquement en sueur, fiévreuse, avec de terribles nausées : tous les symptômes d'une infection post-opératoire. Avant de céder à la panique, j'ai repassé le film des dernières heures et identifié ainsi la cause probable de cet état : le Tramadol®, puissant antalgique que je prenais pour la première fois. J'y ai réagi aussi violemment qu'après avoir reçu de l'Acupan® à l'hôpital. Une dizaine de minutes après la mise en place de la perfusion, j'avais commencé à me sentir très mal et appelé une infirmière. En arrivant – je m'en souviens, car je commençais à paniquer sérieusement –, elle s'était exclamée presque en riant : « Oh, elle est toute rouge, la dame ! » Et dès qu'elle avait retiré l'aiguille du bras, tout était rentré dans l'ordre. Pensez bien, donc, que je n'avais oublié aucun symptôme quand ils se sont de nouveau produits à la maison !

J'ai réussi à me raisonner – merci mon addiction à l'aviron, car c'est lui qui m'a donné cette capacité à prendre sur moi et à me calmer face à une situation angoissante – et patienter jusqu'au lendemain matin. Tous les symptômes avaient disparu, et l'infirmière qui venait me faire les piqûres quotidiennes m'a confirmé mon diagnostic : le Tramadol® était bien l'objet du délit. J'étais rassurée ; malheureusement, pas question de fêter cela en allant faire un petit tour de vélo ! D'autant que c'était juste le début des ennuis... En effet, cette nouvelle intolérance avérée, j'ai dû gérer la douleur de niveau 6 ou 7, voire plus, avec du simple paracétamol... et surtout la méthode Coué, jusqu'à la fin de ma rééducation.

Pendant deux semaines, la souffrance a dépassé tout ce que j'avais connu en sport, tant en intensité qu'en durée. Elle était si vive que je ne parvenais jamais à l'oublier, même en essayant de me concentrer sur le travail. Du coup, pendant cette période, j'ai refusé toutes les visites d'amis.

Cependant, hormis ces quinze jours abominables, mon dernier accident a eu le mérite de me socialiser un peu plus et de gommer une partie de mes craintes et réticences à inviter des gens chez moi. Et incroyable mais vrai, pour la première fois en 47 ans, j'ai eu envie de réunir mes plus proches ami(e)s rameurs/ses pour mon anniversaire ! Ma jambe n'a manifestement pas été la seule cassure provoquée par ma chute : quelques verrous ont également sauté à cette occasion dans mon cerveau, me permettant d'aller davantage vers les autres. Certes, cela ne sort pas du cadre sportif… mais je reste une bigorexique !

Des leçons pour l'avenir

Outre l'abandon de nombreux comportements déviants, mes accidents ont changé mon état d'esprit sur différents points. L'âge aidant, j'ai acquis une certaine sagesse. Comme quoi, tout n'est pas perdu ! Ainsi, je suis devenue encore plus philosophe face à des circonstances qui, par le passé, m'auraient stressée ou démoralisée. Accepter la situation, aussi difficile ou hostile soit-elle, est la première étape indispensable pour bien la gérer : m'installer dans la colère ne mène à rien.

Par exemple, après mon dernier accident, il a neigé plusieurs fois : pas question de sortir avec des béquilles sur un sol glissant ! Pour autant, je ne pouvais pas mettre ma rééducation entre parenthèses, donc j'ai vite trouvé la solution : le parking au premier sous-sol de l'immeuble. Environnement peu affriolant (!), mais au moins, le béton était sec, j'échappais au froid vif de l'hiver – difficile de se réchauffer, sinon, quand on bouge aussi peu qu'avec des béquilles –, et si j'étais tombée, un résident aurait fini par me trouver. Par ailleurs, j'échappais au ridicule de faire des allers-retours au vu de tous sous les balcons, seul endroit extérieur à l'abri de la neige et de la pluie.

D'une manière plus générale, aussi, du moment qu'elles restent rares, j'envisage beaucoup plus sereinement les privations courtes d'activité physique : qu'est-ce qu'une journée sans sport quand je suis en pleine santé par rapport à trois mois d'immobilisation, de rééducation et de souffrance ?

J'ai également appris à anticiper de telles privations, même plus longues, et à m'y préparer. J'ai déjà évoqué l'achat en urgence d'un home-trainer à la veille du premier confinement de 2020, mais heureusement, je ne casse pas ma tirelire à chaque fois. Souvent, il s'agit juste d'allonger un peu la séance de sport de la veille ou de trouver une activité qui m'accaparera intellectuellement ou pourra se pratiquer où que je sois, comme des exercices de gainage et de renforcement musculaire. Les bigorexiques sont des vrais pros du système D !

Parmi les autres leçons très positives, il en est une dont je me réjouis tout particulièrement, parce qu'elle est la plus humaine, et par chance, je l'ai tirée dès mon premier accident et mise immédiatement en pratique une fois rétablie. En l'occurrence, quand je suis en vélo et que je rencontre un ami cycliste à pied privé de sport pendant plusieurs semaines à cause d'un accident, d'une opération ou autre chose, je m'arrête systématiquement pour papoter un peu.

Cela semble aller de soi. Pourtant, avant, je ne le faisais qu'à contrecœur, comme par obligation. Eh oui, en vraie sport-addict, je voyais d'abord les minutes « perdues » ou la baisse de performance en quittant un peloton lancé à vive allure. C'est horrible, mais extrêmement révélateur de l'emprise de l'addiction : pour un peu, elle annihilerait quasiment cette qualité profondément ancrée en moi de dévouement et d'empathie ! Pour comprendre combien l'arrêt d'un ami cycliste pour bavarder fait chaud au cœur et à quel point cela fait mal quand il continue à rouler, il a fallu que je sois cassée moi-même et voie les autres passer « le nez dans le guidon » ou en bavardant, sans prendre le temps de s'arrêter pour me parler quelques minutes. Dommage d'avoir dû en passer par là, mais au moins, je ne risque pas d'oublier la leçon !

Le goût retrouvé du plaisir

Force est de constater que mes accidents ont eu un impact réellement positif sur ma bigorexie et ma vie en général. En me consolidant psychologiquement et en m'amenant à être plus raisonnable, plus philosophe et un peu moins « ourse », ils ont inversé la balance de l'addiction en la faisant pencher davantage du côté du plaisir que de celui du besoin. Même si celui-ci reste profondément ancré et encore très important, il n'est plus aussi extrême.

Preuve en est de mon évolution positive que j'arrive désormais sans réelle difficulté à renoncer à une séance ou à l'écourter quand j'estime que la météo est vraiment trop mauvaise, que je suis trop fatiguée ou qu'un muscle ou une articulation est anormalement douloureux. C'en est maintenant fini des sorties où je passe mon temps à lutter contre le froid, à défier idiotement le danger ou à n'avoir quasiment plus la force d'appuyer sur les pédales. Je ne suis plus dans la dépendance « pure », dans ce schéma de l'addiction aux achats, par exemple, où ce n'est plus le vêtement acquis qui compte, mais l'acte d'achat lui-même. Je savoure réellement chaque sortie, profite pleinement de la nature et de ces moments partagés avec mes ami(e)s sportifs/ves.

Avoir abandonné les comportements jusqu'au-boutistes m'offre aussi un autre type de plaisir, excessivement rare chez moi : l'autosatisfaction. Ainsi, quand je vois un cycliste rouler dans des conditions dantesques et que je me dis avoir été comme lui, je mesure le chemin parcouru. Ce que j'interprétais avant comme un grand acte de courage m'apparaît aujourd'hui, à juste titre, comme de la pure folie : j'ai mis longtemps à le comprendre, mais mieux vaut tard que jamais ! Je suis réellement contente d'avoir pu me défaire d'une partie excessivement nocive de l'emprise de la bigorexie.

Il va sans dire que mes accidents m'ont ouvert les yeux : je reste une sport-addict invétérée, mais je me voile moins la face. Au fil des années, l'aspect plaisir l'a emporté sur l'aspect contrainte – même si, pendant longtemps, je n'ai jamais voulu m'avouer que je ressentais une quelconque obligation à faire mes séances, parlant toujours exclusivement d'« envie ». Ayant désormais franchi le cap des « jamais deux sans trois », j'espère donc rester sur la voie de la raison sans subir de quatrième accident...

Inversez la tendance : plus de plaisir, moins d'addiction

Avec toutes mes failles psychologiques et le nombre incroyable d'années qu'il m'a fallu pour me libérer pourtant si peu de la bigorexie, écrire ce livre était une véritable gageure. Cependant, j'illustre tellement bien les implications désastreuses et l'emprise que peut avoir cette addiction que mon témoignage ne pouvait être que constructif. Si j'ai beaucoup insisté sur les comportements qui dépassent parfois l'entendement et tous les aspects négatifs, il ne faut pas en oublier pour autant la leçon d'espoir finale : malgré tout, j'ai retrouvé petit à petit un peu de raison.

C'est pourquoi j'aimerais terminer par quelques conseils, à la fois aux sport-addicts et à ceux qui en connaîtraient, pour essayer de leur éviter d'aller aussi loin que moi dans la bigorexie ou, à défaut, de s'en libérer plus vite que moi. Toutefois, soyons clairs : je ne suis ni médecin ni psychologue. Rien de ce qui va suivre ne doit donc être tenu comme vérité absolue. Il s'agit juste d'enseignements tirés de mon expérience personnelle.

Ne faites pas les mêmes erreurs que moi

Heureusement que l'on apprend de ses erreurs, car j'en ai commis beaucoup en matière de bigorexie... et j'ai peur que ce ne soit pas fini. Je ne cherche pas ici à faire mon mea culpa : je voudrais juste éviter à d'autres bigorexiques de tomber dans les mêmes pièges que moi. Car bien que l'addiction affecte chacun différemment, elle entraîne de nombreuses conséquences communes à tous les sport-addicts, y compris l'accident, malheureusement.

D'une manière générale, ma plus grande erreur a été mon obstination à tirer des conclusions hâtives, fondées uniquement sur des projections que je ne me donnais jamais l'opportunité de vérifier. « Si... alors..., forcement. » Raisonnement infantile s'il en est : comment savoir ce qu'il adviendra réellement si l'on n'essaie pas ?

Ainsi, je n'allais surtout pas renoncer à une séance, même si je n'avais aucune envie de la faire, car après, forcément, je me sentirais mal toute la journée. Pareillement, je n'allais surtout pas manger davantage, même si mon estomac criait famine, car j'aurais immédiatement pris un kilo. Et tant d'autres exemples déjà évoqués précédemment ! Pourtant, en consentant à lâcher un peu prise et à regarder la réalité en face – notamment en mettant mes lectures sur l'alimentation du sportif en pratique au lieu d'en rester à la digestion cérébrale –, j'aurais évité de rouler dans des situations à risques et de fonctionner si souvent en surrégime.

Cette sollicitation excessive de l'organisme résulte aussi d'une autre erreur : je ne sais pas me reposer. J'aurai beau me sentir durablement faible, j'ai mis la barre tellement haut en termes de volume d'activité physique que même les jours où je suis très fatiguée, je suis incapable de ne pas faire au moins 2 heures de sport. Si je ne me bouge pas, j'ai l'impression d'être une loque humaine qui file tout droit à la dépression. À ma décharge, mon corps est aussi tellement habitué à se dépenser qu'au bout de quelques dizaines de minutes, même si la mise en route peut s'avérer difficile, je bascule dans un état de quasi-automatisme où la fatigue semble s'estomper. Je ne sais pas si je parviendrai un jour de moi-même à rectifier ce comportement, mais avec l'âge, on peut l'espérer...

J'ai également commis des erreurs très regrettables lors de mes accidents, tout particulièrement le dernier. La plus grande a été de me laisser enfermer par la douleur si insupportable et obsédante. Après les expériences catastrophiques de l'Acupan® et du Tramadol®, j'ai renoncé à tester d'autres molécules et refusé de me rendre dans un centre anti-douleur. Quelle bêtise ! Outre le fait de me dire que je n'étais pas une mauviette et que j'étais capable d'encaisser la souffrance comme mon père, j'étais usée et épuisée à la perspective de refaire des démarches, prendre rendez-vous, réserver une ambulance, etc. Par ailleurs, de nature optimiste, j'espérais toujours que demain serait meilleur. Certes... mais au bout de deux mois et demi, seulement.

J'ai aussi eu tort de vouloir gérer au maximum toute seule. Accepter l'aide des ami(e)s et des voisin(e)s et les inviter à passer prendre un thé ou autre chose m'aurait adouci cette sale période, d'autant que par la suite, plusieurs rameurs/ses m'ont dit que de leur côté, ils/elles n'avaient pas osé me proposer de passer, de peur de m'ennuyer. Comme dans le sport, je ne me suis autorisé aucune faiblesse. Belle idiotie, car lâcher du lest sur certains points n'aurait en rien entamé ma rééducation ni l'image que les autres avaient de moi ; en revanche, la période post-accident aurait été moins éprouvante, sans que je n'apparaisse pour autant comme une petite nature.

Malheureusement, j'ai déjà une si piètre opinion de moi que le regard des autres joue beaucoup, et même dans ces circonstances si particulières, je ne suis que rarement parvenue à m'en affranchir. Vous n'imaginez pas la honte que j'éprouvais à faire des allers-retours sous les balcons quand il pleuvait pour activer ma jambe valide sans risquer de glisser avec mes béquilles sur le sol mouillé des jardins. Mais je passais outre le ridicule, parce que me rétablir vite constituait ma principale priorité.

Reste un point sur lequel je m'interroge aujourd'hui encore. Étant donné mes difficultés à me déplacer, la location d'un fauteuil roulant aurait été prise en charge par mon assurance, mais je n'ai jamais fait cette démarche. Je ressentais cela comme terriblement avilissant. Par ailleurs, il m'aurait fallu solliciter des gens pour me promener : dur dur ! En contrepartie, je n'aurais pas été cantonnée aux jardins de ma résidence comme seul horizon pendant plus de deux mois et me serais moins sentie comme un lion en cage. Le jeu en valait donc peut-être la chandelle…

Si certaines de mes erreurs résonnent en vous, rectifiez le tir dès que possible et ne vous en sentez surtout pas moins méritant pour autant. Au contraire, réjouissez-vous de prendre la bonne décision : vous y gagnerez une meilleure qualité de vie et serez fier de vous. Pareillement, si l'un de vos proches sport-addicts se retrouve confronté à la même situation que moi, profitez de mes expériences ratées pour lui éviter les mêmes erreurs : vos mots ont toutes les chances de faire mouche. Sans vous imposer – mais je reconnais que le juste milieu n'est pas facile à trouver –, essayez d'insister un peu quand le bigorexique vous dit qu'il n'a besoin de rien ou qu'il ne souhaite pas de visite : il n'est pas rare qu'il s'agisse juste d'un faux refus, motivé uniquement par une fierté mal placée ou la peur de déranger.

Desserrez l'étau de la bigorexie

La bigorexie est comme une machine qui s'emballe : plus tôt vous réagirez, plus vous aurez de facilité à la freiner, et moins cela prendra de temps. Si vous avez de la chance, vous commencerez à vouloir devenir plus raisonnable simplement avec l'âge ou à la suite d'une rencontre, par exemple quelqu'un qui aura su vous parler ou une personne qui aura perdu sa mobilité à cause d'un comportement jusqu'au-boutiste. Malheureusement, pratiquement toujours, il faut aller jusqu'à l'accident ou la chute pour comprendre. Je vous souhaite de tout cœur d'échapper à cette cause ultime, mais entre les comportements à risques et la fatigue qui finit par entraîner un manque de réflexes, tout est vraiment réuni pour mal finir. D'où l'importance d'embrayer la marche arrière le plus tôt possible.

Néanmoins, il faut vraiment que la décision vienne de vous. C'est pourquoi j'espère que parmi mes conseils, certains, au moins, pourront vous aider à trouver votre voie de bifurcation. Ensuite, soyez patient et persévérant, car la bigorexie n'est pas une addiction dont vous vous sortirez vite. C'est un long processus, mais dites-vous que chaque victoire et chaque progrès même infimes sont définitivement acquis et qu'ils contribuent à faire pencher durablement votre balance du côté plaisir plutôt que du côté danger.

ANALYSEZ VOTRE COMPORTEMENT

Sans vraie prise de conscience de votre addiction ni vraie volonté de changement, vous allez droit à l'échec. Autrement dit, si vous commencez par vous mentir en analysant votre comportement, alors que personne n'aura connaissance de vos réponses ni de votre auto-évaluation, j'ai peur que vous ne soyez pas encore prêt…

- **Assumez-vous pleinement votre volume d'activité physique ?** Cette première question essentielle est la plus révélatrice. Si quelqu'un vous demande combien de kilomètres vous avez courus dans la semaine, pendant combien d'heures vous avez nagé ou combien de fois vous êtes allé à la salle de musculation, par exemple, selon le sport que vous pratiquez, esquivez-vous la question, lui donnez-vous des chiffres inférieurs à la réalité ou lui répondez-vous en toute honnêteté ? Dans les deux premiers cas, votre honte à avouer la vérité témoigne que vous êtes déjà pris dans les filets de la bigorexie.

- **Comparez votre comportement à celui d'autres sport-addicts.** Si chaque bigorexique est différent, certains schémas restent immuables. Vous comparer à d'autres accros vous permettra de vous situer sur l'échelle de l'addiction. Pour cela, relisez ou remémorez-vous les diverses expériences que j'ai relatées dans ce livre et demandez-vous systématiquement si vous faites pareil, pire ou « moins pire » ? Que vous inspire une réflexion telle que « J'avais trop mal aux jambes avec le marathon, donc maintenant, je fais du triathlon » ? Que penseriez-vous d'un cycliste roulant à vive allure quelques jours après une chute avec fracture probablement déplacée de la clavicule qui vous dirait en riant que le médecin lui a interdit de rouler pendant trois semaines ? Ou d'un copain excessivement fatigué qui viendrait faire sa séance de CrossFit sans aucune envie, mais vous répondrait « Je n'ai déjà rien fait hier » quand vous lui conseilleriez de s'accorder du repos ? Je pourrais vous citer encore une multitude d'exemples vécus avec mes ami(e)s sport-addicts, mais à moins d'être un loup solitaire, si vous observez autour de vous, vous devriez en trouver un bon nombre également…

- **Examinez l'évolution de votre pratique au cours des dernières années.** Même s'il faut vivre tourné vers l'avenir, regardez derrière, pour une fois, et comparez votre pratique actuelle à celle d'il y a un an, puis deux ans, et davantage : avez-vous augmenté ou réduit votre volume d'activité ? S'il est en augmentation constante, il y a danger.

- **Essayez d'évaluer objectivement votre comportement.** Un peu comme si vous vous dédoubliez, observez votre comportement « de l'extérieur » et interrogez-vous sur différentes séances. Par exemple, avez-vous vraiment pris plaisir à courir 10 km malgré votre cheville si douloureuse ? Était-ce vraiment sympa de rouler 2 heures sous une pluie torrentielle ? Maintenant que mon témoignage vous a montré qu'il y avait peut-être pire sport-addict que vous et, le cas échéant, a gommé un peu de cette honte que vous éprouvez peut-être, comme la plupart des personnes dépendantes, reposez-vous les questions de la section « Quand faut-il tirer la sonnette d'alarme ? », en première partie de ce livre, et répondez-y honnêtement.

- Si vous êtes tombé ou avez eu un accident, **analysez les circonstances le plus objectivement possible.** Quel était votre niveau de fatigue ? Étiez-vous pleinement vigilant ? Avez-vous commis une imprudence ? Commencez par vous interroger sur vous avant de rejeter la faute sur un tiers. Il y a fort à parier que vous avez votre part de responsabilité. Auquel cas, tirez-en les leçons qui s'imposent pour éviter que cela ne se répète. Essayez aussi de vous remémorer si vous aviez commis plus de fautes d'inattention pendant les semaines précédant la chute, car il s'agit d'un signe évident de fatigue liée à la bigorexie.

TENDEZ L'OREILLE

- **Écoutez et surtout entendez les remarques de votre entourage.** Si une seule personne vous dit que vous avez fait quelque chose de complètement fou, elle peut se tromper. En revanche, si elles sont trois ou quatre, interrogez-vous, car elles sont sans doute au moins en partie dans le vrai, et cela peut être une alerte que votre comportement devient de plus en plus dangereux.

- **Ne faites pas l'autruche quand vous entendez des conseils de professionnels.** Des entraîneurs et des médecins interviennent fréquemment à la radio ou à la télévision pour expliquer l'importance de garder une pratique sportive raisonnable, d'avoir un bon sommeil, de prendre le temps de la récupération, de s'alimenter correctement, etc. Il m'est arrivé d'éteindre le poste, carrément, pour ne pas entendre, sachant que les propos tenus mettraient encore davantage en lumière les risques de mon comportement. Ne faites pas comme moi : prenez au moins le temps d'écouter. Au pire, vous n'en tiendrez pas compte, mais au moins, cela restera quelque part dans votre cerveau, comme une petite voix qui, au fil du temps, parviendra peut-être à se faire entendre…

AGISSEZ POUR VOTRE BIEN

- **Respectez les prescriptions médicales.** Que ce soit après une blessure ou une opération sans aucun lien avec le sport, toute reprise prématurée laisse des traces – pas forcément immédiates, d'ailleurs – et hypothèque votre longévité sportive. J'ai autour de moi divers exemples de gens qui boîtent pour n'avoir pas respecté les 45 jours sans appui après une fracture de la jambe, par exemple.

- **Assurez-vous de pratiquer dans les meilleures conditions de confort possibles.** Sans être défaitiste – mais je n'aspire qu'à me tromper ! –, même si vous parvenez à inverser la tendance, vous resterez sport-addict encore un certain temps et continuerez donc d'accumuler beaucoup d'heures d'activité physique. Par conséquent, matériellement parlant, ne lésinez pas sur la qualité de votre équipement, car vous aggraveriez le risque de blessure déjà suffisamment élevé à cause de la seule bigorexie. Par exemple, si vous êtes un fan de trail, choisissez des chaussures qui garantissent au moins un excellent amorti et renouvelez-les régulièrement. Si vous êtes cycliste, faites une étude posturale pour éviter une mauvaise position génératrice de douleurs aussi bien au niveau de la nuque et du dos que des poignets ou des genoux.

- **Documentez-vous.** Je ne parle pas de lire des livres ou articles sur la bigorexie – encore que, si cela vous tente, il ne faut pas vous priver, car ce ne pourra être que bénéfique – : je pense surtout à des écrits sur la nutrition et l'entraînement sportif. Là encore, vous serez libre d'appliquer ou non les conseils lus, mais il en restera toujours quelque chose de positif. Vous y glanerez forcément des informations qui, sans nécessairement vous aider à réduire votre activité physique, vous permettront d'en améliorer certains aspects. Par exemple, elles pourront vous amener à consommer un nouvel aliment très sain, vous faire découvrir des petits gestes bénéfiques ou vous détourner définitivement de certaines habitudes dangereuses, comme l'ingestion de boissons énergisantes. Je me permets juste une petite digression à ce sujet, car elle est vraiment importante si vous êtes tombé dans ce travers – j'ai la chance d'y avoir échappé – : avec leur teneur très élevée en caféine (facilement l'équivalent de deux à trois expressos) et souvent en sucres, ces boissons tendent à déshydrater l'organisme et provoquer des troubles du rythme cardiaque lorsqu'elles sont consommées en excès, sans parler d'effets secondaires comme les insomnies, l'irritation de l'estomac ou les diarrhées. À fuir à toutes jambes, donc, si vous voulez faire du sport !

- Quand tout indique que vos 20 km de jogging ou votre heure de natation ne vous apporteront aucun plaisir, hormis celui d'avoir eu votre dose, **essayez de vous convaincre que renoncer à une**

séance n'est pas une marque de faiblesse, mais une réaction intelligente et salutaire. En vous obstinant, tôt ou tard, vous ferez une chute ou vous blesserez, et vous direz des semaines ou des mois après que vous auriez pu l'éviter, parce que vous saviez que le terrain était glissant ou qu'une fracture de fatigue vous guettait. Évidemment, je ne vous le souhaite pas, mais malheureusement, tous les exemples de sport-addicts autour de moi qui restent dans ce schéma de faire leur séance à tout prix ont un jour ou l'autre payé le prix fort de leur obstination.

- **Fuyez les gens qui vous polluent**, surtout si vous commencez à ressentir vraiment le besoin de vous « désintoxiquer » un peu. Tant que vous continuerez à pratiquer avec des sport-addicts ou des personnes qui sont toujours dans la performance, vous risquez de vous laisser entraîner malgré vous et de faire plus que vous ne le vouliez. Comment lâcher des copains joggeurs qui courent à allure soutenue sans passer pour le maillon faible, incapable de suivre ? Comment rentrer chez vous alors que vous roulez avec des amis et que la pluie se met à tomber très dru sans passer pour une petite nature ? Même sans être prétentieux, nous avons tous un minimum de fierté personnelle et d'amour propre ! Si besoin, pratiquez un temps tout seul pour rouler, courir, nager... en fonction de votre ressenti, ou trouvez des amis qui ont une pratique raisonnable et vous permettront de réduire votre volume ou intensité d'activité plus facilement.

Donnez le déclic salvateur à vos proches sport-addicts

Si vous craignez qu'un proche soit bigorexique, essayez au maximum de l'aider. Cela sera sûrement très difficile, et vous aurez souvent l'impression de parler à un mur, mais en usant de diplomatie et de psychologie, vous pourrez probablement lui faire reconnaître sa dépendance. Au départ, cela devra être votre seul et unique objectif. Et même s'il ne l'admet pas devant vous, à partir du moment où il prendra conscience de son addiction, vous aurez gagné – et lui aussi, bien sûr, puisque c'est seulement à cette condition qu'il pourra commencer à avoir un comportement plus raisonnable et moins dangereux.

Je ne sais pas si, avec l'aide d'un tiers, j'aurais pu être moins dans l'excès et la déraison ou commencer à changer plus tôt d'état d'esprit et de comportement, mais je pense que les conseils que je vous livre ici auraient réellement pu avoir un impact positif.

- **Ne vous posez surtout pas en donneur de leçons.** Si vous adoptez un ton péremptoire, le bigorexique va se braquer. Ce serait autant voué à l'échec que dire à un anorexique qu'il n'est pas gros et vouloir le forcer à manger quelque chose.

- **Soyez bienveillant et, si possible, compréhensif.** Même si certaines choses que vous avez lues dans mon témoignage vous ont sans doute fait dresser les cheveux sur la tête, ne jugez pas le sport-addict. Ne lui en veuillez pas non plus si certains de ses comportements vous blessent. N'oubliez jamais qu'il est coincé dans une spirale. Un alcoolique ne boit pas par faiblesse, pas plus qu'un joueur qui va jusqu'à hypothéquer sa maison : chaque addiction est révélatrice d'un problème latent. Il peut paraître moins évident pour un bigorexique, mais cette soif de sport cache assurément une faiblesse ou un manque. Attention, si vous évoquez d'autres bigorexiques, ne soyez jamais négatif à leur sujet : restez dans la compassion ou feignez l'incompréhension, l'étonnement. Sinon, votre ami, parent ou collègue ne vous avouera jamais qu'il est pareil, certain que vous le jugerez aussi mal et sévèrement. En étant compatissant à l'égard des autres sport-addicts, en revanche, vous mettrez votre proche en confiance, et il saura qu'il peut compter sur vous s'il a besoin d'aide.

- **Amenez le sport-addict à s'interroger.** J'insiste lourdement, mais ne procédez jamais de manière frontale pour essayer d'ouvrir les yeux du bigorexique sur sa dépendance : soyez plutôt dans la suggestion. Usez de formules comme « C'est peut-être un peu risqué de... » ou « Il vaudrait peut-être mieux... », voire « Tu ne crois pas qu'éventuellement... » Il y a fort à parier qu'il vous rira au nez ou vous en voudra, mais au final, s'il est vraiment sur une pente savonneuse et si vous le stoppez avant qu'il ne soit trop tard, il vous en sera extrêmement reconnaissant par la suite. Jamais un fumeur ne vous remerciera chaleureusement au moment où vous le privez de ses cigarettes, mais s'il parvient à se sevrer avec votre aide, imaginez sa gratitude à votre égard une fois qu'il aura renoncé au tabac !

- **Ne cherchez pas à faire raconter ses « exploits » au sport-addict**. Au mieux, il vous mentira ; au pire, il s'énervera et risque de vous tenir des propos blessants. La majorité des bigorexiques sont conscients de l'anormalité de leur comportement et avouent rarement leur nombre d'heures de pratique, par exemple. Avez-vous déjà entendu un alcoolique dire fièrement ce qu'il boit exactement chaque jour tant qu'il n'a pas entamé un processus de désintoxication ?

- **Utilisez des vecteurs extérieurs pour faire passer des messages**. Au lieu d'aborder de manière frontale avec le sport-addict certains comportements déviants que vous auriez remarqués ou que vous soupçonnez, évoquez innocemment celui d'autres personnes, telles que Lizarazu, footballeur très apprécié, ou Yves Beauchamp, qui envisageait de courir 365 marathons en 2014. Appuyez-vous aussi sur mon témoignage, en employant des tournures telles que « J'ai lu qu'elle faisait... : c'est totalement fou ! » Même si le bigorexique ne vous avouera pas qu'il agit pareil, il se le dira intérieurement, et tôt ou tard, cela fera partie de ces réflexions entendues qui, cumulées, provoqueront le déclic salvateur pour changer.

Parlez aussi des sportifs de haut niveau et de leur pratique hyperintense, et le plus diplomatiquement possible, faites passer le message qu'ils respectent un jour de repos hebdomadaire et sont suivis par des kinés, des diététiciens, etc. Là encore, même si le bigorexique vous semblera peu intéressé, il aura entendu, et il en restera toujours quelque chose.

J'espère très sincèrement que mon témoignage vous aura apporté un éclairage utile sur la bigorexie, et je souhaite qu'il vous permette d'éviter les ravages qu'elle peut entraîner ou d'aider des proches sport-addicts à y échapper.

Je conclurai par cette jolie formule de Carl Jung : « Je ne suis pas ce qui m'est arrivé, je suis ce que je choisis de devenir. »

Table des matières